国家自然科学基金青年科学基金项目（51308313）
暨教育部人文社会科学研究青年基金项目（13YJCZH274）

两 海 之 间

——图说米迪运河史

［英］L.T.C. 罗尔特　著
［法］大卫·爱德华兹–梅　修订
钟行明　译

中国建筑工业出版社

著作权合同登记图字：01-2017-4938号

图书在版编目（CIP）数据

两海之间：图说米迪运河史 /（英）L. T. C. 罗尔特
著；（法）大卫·爱德华兹-梅修订；钟行明译. —北
京：中国建筑工业出版社，2020.12
ISBN 978-7-112-25789-8

Ⅰ.①两… Ⅱ.①L… ②大… ③钟… Ⅲ.①运河－
历史－法国－图解 Ⅳ.①K956.54-64

中国版本图书馆CIP数据核字（2020）第267531号

L.T.C. Rolt (1910-1974)
Revised by David Edwards-May (ISBN: 2-910185-02-8)
Copyright © 1994 L.T.C. Rolt / D. Edwards-May
All rights reserved.

本书由Transmanche consulant SARL出版公司授权翻译出版

责任编辑：程素荣　张鹏伟
责任校对：王　烨

两海之间
—— 图说米迪运河史

[英] L.T.C. 罗尔特　著
[法] 大卫·爱德华兹-梅　修订
钟行明　译

*
中国建筑工业出版社出版、发行（北京海淀三里河路9号）
各地新华书店、建筑书店经销
北京锋尚制版有限公司制版
北京建筑工业印刷厂印刷
*
开本：787毫米×1092毫米　1/16　印张：11¼　插页：1　字数：216千字
2021年5月第一版　　2021年5月第一次印刷
定价：48.00元
ISBN 978 - 7 - 112 - 25789 - 8
（37032）

目　录

中文版序

运河的出现概之为造福人类，而每段运河的产生各有缘由，成就亦千秋不一。不过，法国米迪运河（Canal du Midi）于1996年作为纳入世界文化遗产的首条运河，确实意蕴深远。

要了解米迪运河的开辟，首先需要建立基本的地理和历史概念。从世界地图上看，对于处在欧洲大陆的法国来说，大西洋和地中海是直接与其国土毗邻的水域，要实现两者间的沟通，如联络法国南岸的马赛和西岸的波尔多，直线距离不长，但其间山脉纵横，海道危险且长，必须通过位于西班牙最南部和非洲西北角之间的直布罗陀（Gibraltar）海峡——连接两海的重要门户才能沟通。而17世纪西班牙人因近水楼台，成为海峡无可争议的霸主，法国人则需交纳重税才能过关。于是，1666年10月自号"太阳王"（Sun King）的法国国王路易十四（le Roi Soleil）授权皮埃尔·保罗·里凯（Pierre Paul Riquet, 1604-1680）建设内陆运河便成为当务之急，时年皮埃尔已经62岁，经过15年由勘察、实验到筹资、建设，1681年米迪运河诞生。不过皮埃尔去世时运河尚未竣工，首次试航是由他儿子完成的。这条总长360公里（其中主河道240公里）的米迪运河，对于18世纪和19世纪法国200年间工业革命的推动也是作用非凡，承担着沟通法国南北以及大西洋与地中海的重要作用，因此有时也被称作双海运河。

由L.T.C.罗尔特（Lionel Thomas Caswell Rolt, 1910-1974）所著作的《两海之间——图说米迪运河史》便是对于法国米迪运河的系统研究。该书的第一个特点在于其文献价值，各章节其实构成了米迪运河产生、发展、变化的完整历史过程，尤其是对进程中各色人物发挥作用之事无巨细的描述，有很强的历史真实性，见人见物，鲜活生动；第二个特点在于其科学价值，其中有大量篇幅是关于供水系统、运河选线、通航必需的船闸设置以及开山通渠等大量水利工程的方案研究和分析，从中对于以米迪运河为代表的欧洲运河工程达到的高水平也有较深入的认知；第三个特点在于其思想价值，如在运营制度上采用国家管理和家族管理并置而带来世袭的对于事业追求的热情，如在综合管理上运行有沿岸的造林经理、私人法庭、特定养护时间和相关土地及水资源拥有者议价等法律法规，如对于工程方案和建设有竞标制度等，即使在今天读来仍有很强的参考意义和思想性。

　　《两海之间——图说米迪运河史》的中译本与原著还有两处明显的区别：首先，翻译的版本是修订版，修订者是大卫·爱德华兹–梅（David Edwards–May），增设了关于米迪运河现状（1974～2020年）的章节，描绘了随着时代变化对于原水利工程如船闸的调整及数字监测等，同时延伸到了米迪运河申遗成功后的诸如沿线岸边树种改变带来的问题等，修订者的历史视野和对未来发展途径的认知和判断为我们提供了一个丰满和带有普世价值的参照，具有社会意义；其次，本中译本补充了许多有价值的图版和照片，并第一次呈现给读者，故而，它也是关于米迪运河研究的全新本。

　　当然，我们今天看到的这部译著问世，离不开译者钟行明博士的辛勤付出。他是我的爱徒，自旅游管理专业本科学习起步，进而攻读旅游管理硕士学位，再到我门下攻读建筑遗产保护与管理专业博士学位，横跨了多学科，但也正是这样的广泛吸收和历练，使得他可以胜任这部著作的翻译工作，因为运河是一项综合各门类知识和实践的极具创造性的工程，必须具备相当深厚的知识储备才能正确认知、理解并进行准确表达。更加难能可贵的是，他不仅默默无闻地承担了大量案头工作，包括涉及的法文地名、英文写作以及穿插在著作中的各色人物的名字和专业术语等，还亲临实地进行米迪运河的逐段考察，从而使得译作过程也是研究过程，翻译的版本栩栩如生，没有生硬翻译的隔阂感，而新增加的照片和图版等，使得本书中译本成为米迪运河研究达到的新高点，也使得这部精彩著作有了传续的意义。

　　中国大运河于2014年获准成为世界文化遗产，之前我和我的团队（包括钟行明博士）做了大量关于大运河研究和沿线保护规划的工作，为申遗做出了一定的贡献。尽管如此，相较于米迪运河的研究还远远不够，阅读本中译本，尤其感受到中国大运河多口径、多专业、多部门的管理是急需调整的关键。虽然在申遗之前做了相当努力的整合，但在当下的持续保护和发展中如何找到合适的路径和比较科学合理的制度，仍是最迫切的工作，也许类似大运河遗址公园的方式尚显单薄，路漫且长。期待本书的中译本出版，会让更多人了解和学习第一个纳入世界文化遗产的运河遗产之米迪运河在历史和今天的所作所为、经验和教训，从而汲取智慧，探索创新，使人类的伟大创造——运河，在世界各地都能持久地发挥作用，福祉天下。

陈薇　　2020年9月29日

插图引用

素描画：让·皮埃尔·梅林（Jean-Pierre Merlin），封面红色铅笔画，同样用在第43页、第46页；西戈耶的让·伊夫·贝尔纳迪，88，128；安德罗西（Andreossy）的《米迪运河史》（1804），32，50，61，63-64，86，90，98（顶部）；其他插图、地图和平面图由大卫·爱德华兹·梅提供，一些改编自最初为《法国内河航道》制作的图（伊姆雷）。

照片：理查特·霍洛伊德（Richard Holroyd），第iii页（顶部），18，34-35，36（顶部），36（底部），53，59，65（底部），87，97，103，110，124，126-127，130；弗朗索瓦·罗格朗（Françoise Legrand），iii（底部），82；休·麦克奈特（Hugh McKnight），123，136；严氏工作室，图卢兹，80；其他的由大卫·爱德华兹-梅提供。

上加龙省档案馆（Départementales de la Haute Garonne）欣然同意制作里凯信件草稿的摹本；埃克斯（Aix-en-Provence）的伊迪苏德（Edisud）同意复制图卢兹加龙的版画；经出版商皮埃尔·马尔达加（Pierre Mardaga）和法国建筑研究所（Institute Français d'Architecture）的授权，使用了来自《图卢兹：模仿之乐》（les Délices de l'Imitation）的示意图；法国内河航道出版商伊姆雷·劳里·诺丽和威尔逊有限公司（Imray Laurie Norie&Wilson Ltd）允许使用来自该出版物的距离表。

译者新增图纸及照片已在文中注明来源。

致　谢

　　本书法文版和英文版的同时面世，幸而有吉尔斯·罗西彭（Gilles Rocipon）的鼎力相助，他承担了吃力不讨好、困难重重的任务，尤其是费时费力地修改我的法文译文。我们还要感谢运河总工程师盖拉尔·库齐（Gérard Couzy）、米雷尔·布里埃（Mireille Brière）、盖拉尔·罗什（Gérard Roche）、弗朗西斯·克拉斯雷斯（Francis Clastres）和图卢兹航运局的所有人员，他们在数年的不确定性中以坚定和乐观的精神奋战。运河管理局和上加龙省（Haute-Garonne）省档案馆友好地允许我们进入档案馆，并有幸在米迪-比利牛斯考古和历史遗产促进协会（Association pour la Promotion du Patrimoine Archéologique et Historique en Midi-Pyrénées）代表塞缪尔·范尼尔（Samuel Vannier）的指导下，查阅了这些档案。他耐心地为我们抄录了作者引用的里凯信件草稿，并制作了样信的摹本。

　　这是由EUROMAPPING出版的第一本书，它表达了我对查尔斯·哈德菲尔德（Charles Hadfield）的深切谢意。查尔斯·哈德菲尔斯是托马斯·罗尔特（Thomas Rolt）的朋友、出版商以及我25年来的灵感源泉。自从1992年8月我们第一次讨论这个项目以来，索尼娅·罗尔特（Sonia Rolt）不仅给了我们再版她已故丈夫作品的版权，而且在每一步都给予我们热情的鼓励。我们还要感谢马克·鲍德温（Mark Baldwin）和理查德·霍尔罗伊德（Richard Holroyd）友好地提供了人物资料照片和大量来自深入调查的建议。罗恩·奥克利（Ron Oakley）、国际水协会和新成立的国际内河航道协会在宣传和发行这本书方面的作用，以及埃里克·勒·帕尔梅克（Eric Le Palmec）在发行法文版方面的帮助也值得特别提及。

　　感谢让·皮埃尔·梅林（Jean-Pierre Merlin）壮丽的红色铅笔画，感谢让·伊夫·贝尔纳迪（Jean-Yves de Bernardy）引人入胜的、清晰且专业精确的图纸（以及封面设计），感谢弗朗索瓦·罗格朗（Françoise Legrand）对索引编辑和翻译的持续支持和协助，感谢弗朗索瓦·拉切雷斯（François Lacherez）和埃里克·贝劳德（Eric Bailloud）对法语文本的帮助，也感谢出版商热罗姆·米隆（Jérôme Millon）和电影排字工西里乌斯（Xyrius）的技术指导。

　　最后，我要感谢我的女儿、家人和朋友们，感谢他们以更加微妙的方式使得此事更有价值，也要感谢英吉利海峡隧道让我的祖国和移居国更加接近彼此……但从一个陆地到另一个陆地则是另一个故事……

大卫·爱德华兹–梅

序　言

　　三个多世纪以来，法国最著名的运河一直是人们赞赏、猎奇和时常激烈争论的话题。近年来，米迪运河（Canal du Midi）也成为法国西南部主要的旅游景点之一，1996年被联合国教科文组织列入世界遗产名录。因此，它必将获得更多的关注，现在已有大量的参考文献。

　　尽管出版物信息丰富，但我们认为罗尔特（L.T.C. Rolt）写于1972年、1973年首次出版的这本书对运河文献作出了独特而有价值的贡献，这也是我们在1994年同时出版本书英文版和法文版的原因。

　　为了理解本书的重要性，有必要追忆一下罗尔特生活和工作的一些事实。他在1970年把注意力转向由皮埃尔·保罗·里凯（Pierre Paul Riquet）于1666～1681年开凿的运河，在过去的30年里，他一直在写有关内河航道的书。他决定结束机械工程师的职业生涯，生活在改装过的窄船上，使之成为他的家和学习之所。1939年7月，他和年轻的妻子安吉拉（Angela）结婚两周后便在克雷西号（Cressy）船上开始了他们田园般的生活。他们乘船游览中部地区，与那时仍在经营的职业船夫共享一种边缘生活方式。虽然六个月后被战争打断，但这段经历为迷人的杰作《狭舟》（Narrow Boat）提供了素材。1944年，这本书出版后，很快成了激发开展英国运河保护运动的宣言。因此在1946年，罗尔特与其他三人共同创建了内河航道协会（Inland Waterways Association），这三人也同样认识到了遍布英国的2000多英里水上线路的非凡价值。该协会的活动是成功的，因为大部分的水网从遗弃中得以拯救。那时，罗尔特正在爱尔兰运河上进行为期几个月的巡游，他在另一项有价值的参考文献——《绿色与银色》（Green and Silver）中描述了此次巡游。

　　作者的机械学和工程学知识与人类无法满足的求知欲是耦合的，这种求知欲涉及使生活更容易、能从工作中获益更多和可以提高生产力的所有创造发明。他也对机械与景观的关系着迷，米迪运河非凡的工程成就明显地激发了罗尔特的想象力，他的夙愿之一就是研究和出版米迪运河的设计、建造和运作方面的故事。因此在1971年，他和第二任妻子索尼亚（Sonia）一起乘船进行了两次难得的国外旅行。春天，他们雇船沿运河游览了卡斯泰尔诺达里（Castelnaudary）到托湖（Etang de Thau），并考察了黑山（Montagne Noire）。他们九月份返航时，从阿格德（Agde）到卡斯泰昂—多尔特（Castets-en-Dorthe），游览了整个米迪运河以及旁支运河（Latern Canal）。

与此同时，他们研究了运河历史。同其他作者一样，罗尔特为里凯的人格和成就所倾倒。然而，与其他人不同的是，他的丰富经历和技术知识可以使他与一手资料保持一定距离，并能对必须克服的冲突和困难给出一个恰当的阐释。他还仔细查看了从地中海到大西洋的整个路线，因此涵盖了米迪运河合乎逻辑的延伸——加龙旁支运河（Canal latéral à la Garonne）（现在简称为"加龙运河"），他在查看加龙运河时与查看米迪运河一样，对细节有着同样的兴趣、敏感度和关注度。

罗尔特的功绩和这本书的价值在于，它给出了两海运河（Canal des Deux Mers）[①]在其历史转折点的确切形象。在20世纪70年代早期，旁支运河船闸的加长和蒙泰什（Montech）水坡升船设施工程的建造进展迅速，运河上所观察到的一切都表明水上货运具有美好前景。米迪运河选择现代化引起了罗尔特的兴趣，肯定会吸引这位曾悲伤地目睹了英国运河商业交通衰落和消亡的人。

余论简略叙述了过去45年的主要事件，并审慎地保留了完整的原文，除了轻微的编辑和一些细节上的修改。这些主要涉及孔凯（Conquet）山地沟渠和利伯伦（Libron）交叉口的删减。为了方便和符合现行惯例，我们在两个版本中都采用了公制单位。

读者将能理解作者观察的针对性，并在与当今运河现状的比较中找到乐趣。脚注是原版的脚注，除非另有说明。尽可能地选取插图，包括一些地图和详细平面图，以支持文本并进一步启发读者。

封面插图是让·皮埃尔·梅林的一幅红色铅笔画，它基于里凯在1669年12月提交给科尔伯特（Colbert）的一项提案。我们所有找出原始草图的努力都是徒劳的，因此我们冒昧地解读里凯的文字描述并以路易十四时期盛行的巴洛克风格进行表现。

大卫·爱德华兹-梅

2020年3月于格勒诺布尔

---

① 米迪运河又称两海运河，南运河、朗格多克运河。——译者注

图0-1　图卢兹双桥盘

古图卢兹博物馆内的盘子（约1822～1832年），以双桥为主要内容。

图0-2　图卢兹河口港的卢卡斯浅浮雕

1775年，弗朗索瓦·卢卡斯（François Lucas）用卡拉拉（Carrara）大理石雕刻的寓言式浅浮雕，位于
布里恩纳运河（Canal de Brienne）（右）与米迪运河（左）的交汇处。

引 言

　　1752年初春，一位年轻的英国贵族离开海岸，前往法国开始"大旅游"（the Grand Tour）[①]。他就是弗朗西斯·埃格顿（Francis Egerton），此时他是一个不善交际、其貌不扬、体弱多病且酗酒的年轻人。没有人看好他的前途，因为他的六个哥哥都死于肺结核，他也表现出同样的致命症状。然而，他注定要成长为充满活力的男子汉，并作为著名的布里奇沃特（Bridgewater）"运河公爵"而名垂千古，布里奇沃特与工程师詹姆斯·布林德利（James Brindley）及其经纪人约翰·吉尔伯特（John Gilbert）共同建造了布里奇沃特运河（Bridgewater Canal）。这条运河从沃斯利（Worsley）公爵庄园的煤矿一直延伸到曼彻斯特（Manchester），后来又延伸到了朗科恩（Runcorn）的默西河（Mersey），完全由公爵出资承担了巨大的风险。这是一个巨大的商业成功和典型，开创了这个国家运河建设的伟大时代。

　　罗伯特·伍德（Robert Wood）是年轻公爵"大旅游"时的导游、哲学家和朋友，他是作家、旅行家、考古学家和世界上最杰出的人，回国后成为公爵布克利（Brackley）口袋选区的议会议员。在国外期间，伍德一丝不苟地写信给公爵的叔叔贝德福德（Bedford）公爵，汇报了他受呵护的健康和进步。他们离开了三年多。在巴黎初步停留后，他们南迁至里昂（Lyons），年轻的公爵在那里就读于学院。然而，1753年秋，公爵表达了他想参观著名的朗格多克运河（Languedoc Canal）的意愿，在获得贝德福德公爵的允许后，两人乘坐四轮大马车开始了这一工程朝圣之旅。是什么促使公爵对运河产生了兴趣，我们不得而知。有人认为，在前往意大利的一次早前旅行中，他可能到访过米兰，并看到了这两条15世纪意大利运河的先驱，即马蒂萨纳（Martesana）运河和贝雷瓜多（Bereguardo）运河。但他的好奇心当然不需要这样的解释，因为朗格多克运河又名米迪运河或皇家运河（Royal Canal），正如人们所说的，无疑是当时世界

---

① The Grand Tour，"大旅游"，又译作"壮游"。18世纪和19世纪，大旅游在欧洲各地都非常普遍，欧洲各个国家的年青贵族，往往带着一位仆人及指导他们行为和学业的家庭教师，由父母送行到国外旅游一两年，目的是学习新语言，发现新习俗，特别是熟悉美术和礼节。详见：王永忠. 西方旅游史［M］. 南京：东南大学出版社，2004，5：P190-193.——译者注

上最伟大的工程。自罗马帝国灭亡以来，人类从没建造过如此宏大规模的工程。难怪一位正在参加"大旅游"的年轻英国贵族会希望把它列入自己的行程。

运河建于1666～1681年之间，修建运河目的是为从大西洋到地中海的航运提供一条内陆航线，从而避免经由直布罗陀（Gibraltar）的漫长而危险的海上通道。运河从它与西流的加龙河（Garonne）在图卢兹（Toulouse）的交汇处起，向东南方向横穿法国南部，长达240公里，一直延伸到地中海沿岸的托湖和塞特（Sète）港。这两位旅行者从里昂出发，首先参观了普罗旺斯省的埃克斯（Aix-en-Provence），然后从那里前往塞特。在塞特，他们考察了17世纪运河工程师们建造的繁忙港口码头和船坞。然后他们一路西行，沉重的四轮大马车伴着隆隆的响声，缓缓沿着穿过阿格德、贝济耶（Béziers）、卡尔卡松（Carcassonne）和卡斯泰尔诺达里到图卢兹的公路行驶。这条公路从不远离运河，因为两者都沿着天然分水岭，这条分水岭在向北的中央高原的山岳地带和比利牛斯山脉（Pyrenees）白雪皑皑的山峰之间横跨法国。

因为年轻公爵此时是个冷漠的记者，我们无从得知他对所看到的一切的反应。但我们可以猜测，他所看到的伟大运河工程激发了他的想象力，因为他回到里昂学院后，坚持要参加一门"实验哲学"的课程，这门课程后来包含了科学和工程学。我们现在知道这次旅行对英国有什么重大影响，因为正是对米迪运河（用现在最著名的名字）的参观留下的印象和惊奇的感觉激发了他，回到兰开夏郡（Lancashire）后不久他便开始了自己雄心勃勃的计划，这开启了英国的运河时代，并因此给予了英国工业革命巨大的动力。

这个故事解释了本书为何由一个对法国或法语知之甚少的居家亲英派人士所写。我毕生对运河的兴趣激发了亲眼去看看米迪运河的强烈愿望，那项典型的工程杰作通过证明一条规模宏大的越岭运河（summit level canal）是可行的，不仅为英国而且也为世界树立了榜样。不像年轻的布里奇沃特公爵，他只是从岸上看到了米迪运河，而我可以乘船穿过运河，这是了解任何运河的唯一正确且恰当的方式。1971年春天，我从卡斯泰尔诺达里向东，一直到托湖的马瑟伊兰（Marseillan）小港。同时，我还得以考察了利用源自黑山的水为运河最高水位供水的绝妙供水系统。在接下来的九月份，我沿着相反的方向穿过运河，从地中海进入运河，经由著名的圆形船闸穿过阿格德港，前往图卢兹，然后沿着后来增建的加龙河旁支运河，一直到卡斯泰昂—多尔特。在那里，它与波尔多（Bordeaux）上面的潮汐加龙河汇合。

这些实地考察和与之相伴的历史研究，是一次有益的经历。1760～1860年，大约100年来，英国领导世界进入了工业革命，这就产生了沙文主义的信仰，即英国的工程技术神秘且与生俱来地优于其他任何国家。尽管此后发生了很多事情，但这一观点仍然挥之不去。所以，在英国即将加入欧盟的时刻，我对米迪运河的参观及时提醒了我，过去与现在一样，英国工程师并非独一无二。因为在这里，我看到了一项工程，它的规模和宏伟是英国运河工程师在100年或更长时间后所取得的任何成就所无法比拟的。其寓意是，工程人才不是任何一个特定国家所享有的垄断，但是，除非这种特定的社会、政治和经济环境是相宜的，否则这些人才是不会绽放的。在英国，1760年后的一个世纪里，对具有非凡才能的工程师来说是一帆风顺的。同样的，在17世纪的法国，太阳王（Sun King）也笑对米迪运河的创造者皮埃尔·保罗·里凯（Pierre Paul Riquet）。

尽管按照现代欧洲大陆标准来说，米迪运河的尺度很小，但它比英国的大多数运河都要大得多。然而，在海拔189米的地方，它的最高水位仅比英国最高运河水位低7.3米，英国最高运河水位位于斯坦内奇（Standedge）的哈德斯菲尔德窄运河（Huddersfield Narrow Canal）。这有力地打破了另一个英国神话，即欧洲大陆运河的商业成功完全是因为大陆是平坦的，允许用相对较少的船闸修建运河，而英国是一个丘陵国家。

当我查询有关米迪运河的早期历史著作时，得知其中的两本分别于1778年和1804年在法国出版，现在非常稀少，我可能不得不去巴黎的国家图书馆（Bibliothèque Nationale）查阅。对于一个不名一文的作者来说，这是一个令人望而生畏的前景。后来我记起，托马斯·特尔福德（Thomas Telford）去世时，根据他的遗嘱，他的图书馆归我们的土木工程师学会（Institution of Civil Engineers）所有，他是该学会的第一任主席。我有预感，他的藏书中会包含这两本书，果不其然，这被证明是正确的。书中不仅有特尔福德的签名，而且在页边空白处还有他手写的注释，以证明这里至少有一位英国运河工程师，他不辞辛劳地用外语学习他的法国前辈所取得的成就。这让我开始思索，为什么我们的运河与他们著名的法国先驱相比时显得如此微不足道。可以说，后者是一条轮船运河，而我们运河的规模小得多，仅满足18世纪英国纯粹内陆运输的需要。然而，米迪运河成功的关键以及它最突出的特点，是精心设计的、能确保为其最高水位充分供水的供水系统。我们的许多运河虽然建在一个降雨更频繁、降雨量更多的国家，却经常在这一重要方面出现不足，这似乎是不可原谅的。这只能用它们所建造的不同境遇来解释。米迪运河得到国家资助，并不惜一切代价使其能配得上"太阳王"（le Roi Soleil）的统治。除了布里奇沃特运河作为唯一的例外，我们的运河则都是由纯粹出于商业目的的股份制公司修建的，他们的工程师必须在管理委员会的领导下工作，而管理委员会对开支保持着严格的控制。

正如我们的运河工程师们可能最先意识到的那样，这些委员会的委员们往往因小失大。这方面一个很好的例子是，纯粹出于经济原因而拒绝了约翰·伦尼（John Rennie）关于肯尼迪和艾冯运河（Kennet & Avon Canal）最高水位的最初计划。最终采用的更省钱方案大大缩短了拟建的山顶隧道长度，却以更高的峰顶面为代价，这使得运河在整个生命周期内都需要不断抽水，以保持其供水。皮埃尔·保罗·里凯早在1662年就正确指出，"提水机器"是应该避免的。然而，正如伦尼在林普利·斯托克（Limpley Stoke）的艾冯运河上修建的宏伟石渡槽所揭示的那样，我们的工程师们偶尔能够摆脱这种财政拮据的束缚，按照文艺复兴时期的伟大传统来建造，而早期的法国工程师们却深知这一点。

纵观英国铁路建设时代，我们的工程师越来越屈从于商业考虑，因此只有像布鲁内尔（I.K.Brunel）这样具有非凡个性和意志力的工程师才能成功地超越他们，布鲁内尔有法国血统并非巧合。米迪运河向我揭示了布鲁内尔继承的传统之源，并使我对他的工作哲学有了全新的认识。这就好比托马斯·特尔福德曾经写道的："我认为，一切的目的和所有应该的结局不应仅仅是一袋钱，而应该是更高、更好的东西。"这种新见解是我从参观米迪运河中得到的意外收获。

图卢兹办公室的运河档案非常完整，任何人只要有充裕的时间和足够的法语能力，就都可以从这些独特的原始资料中产生一部有关无疑是世界上早期土木工程最杰出的成就之一的完整的、有文献记载的、确切的历史。我既没有时间也没有学术研究来完成这样一项重大的任务，这本书只是根据个人的观察和调查，加上参考书目中列出的资料编撰而成，目的是提供一个通俗易懂的主题介绍，我希望它能抛砖引玉，激发更多的细致研究。尽管如此，我还是发现这是一项新颖而困难重重的任务，只有在其他许多人的慷慨帮助下才有可能完成。由于运河的一些记录采用了公制前数字，而其他的采用了公制数字，这取决于这些数字是在法国大革命之前还是之后，这样的计量学产生了一个特殊的问题。我决定把这两种方法都转换成英制，但法制吨（1000公斤）除外，因为它是如此接近英制吨，不足以证明转换的合理性。虽然我们即将采用公制，但我这样做是因为我相信，只有英制对大多数英语读者来说才是有意义的。

这本书的筹备只有在海峡两岸一些人的善意帮助下才能得以实现。首先，我要感谢我的朋友，蓝线游轮（法国）有限公司［Blue Line Cruisers（France）Ltd］的迈克尔·斯特雷特（Michael Street）和罗伯特·格兰特·费里斯爵士（Sir Robert Grant Ferris），感谢他们使这项事业的"现场"部分成为可能。因为正是前者负责组织了我第一次从卡斯泰尔诺达里到马赛的东航，而完全是由于罗伯特爵士的好意和好客，我才得以在他的摩托游艇梅利塔（Melita）上进行从阿格德到卡斯泰昂—多尔特的终生难忘的第二次西航。

　　我非常感谢老朋友兼合作者——勒芒（Le Mans）的亨利·德尔戈夫（Henri Delgove）先生，他非常友好地同意担任我的研究助理，弥补了我法语知识的欠缺。他不仅为我做了大量的翻译工作，而且还充当了我的中间人，接收和翻译我的许多实际问题，将它们转交给有关当局，然后翻译他们的答案。这些问题大多是向安德烈·普法夫（André Pfaff）先生提出的，直到最近才向图卢兹米迪—加龙（Midi-Garonne）服务导航部的桥梁和河堤总工程师（Ingénieur en Chef des Ponts et Chaussées）提出。普法夫虽然日理万机，但他总是抽出时间非常充分地回答我向他提出的关于运河历史和实际工程的许多问题。他如此善意地为我提供了大量宝贵的信息，我对他如何感谢都不为过。

　　我也非常感谢卡斯泰尔诺达里的蓝线游轮（法国）有限公司经理特里·阿道夫（Terry Adolph），他热情地代表我进行各种调查，并感谢向他提供信息的人，特别是工程处的洛布兰切特（Lorblanchet）先生和拉克罗瓦（La Croix）先生。拉克罗瓦先生是多梅尔格船闸（Domergue Lock）的退休船闸管理员，他的父亲、祖母和外曾祖父都出生在多梅尔格船闸的小屋里，他提供了关于20世纪20年代早期从马拉船改为机动驳船的有价值的真实信息。

　　在海峡的这一边，我要感谢斯肯普顿（A.W.Skempton）教授、史蒂芬·约翰逊（Stephen Johnson）博士、克里斯托弗·马什（Christopher Marsh）博士、查尔斯·哈德菲尔德（Charles Hadfield）博士和罗杰·皮尔金顿（Roger Pilkington）博士的帮助和建议；也感谢土木工程师学会的图书管理员提供研究场所。最后，我要感谢米雷耶·勒菲弗尔（Mireille Lefevre）小姐、罗杰·克拉布特里（Roger Crabtree）和我的妻子，他们帮助我斟酌并推敲早期的法语文本。

L.T.C. 罗尔特（Lionel Thomas Caswell Rolt）

第一章

历史背景

米迪运河的完工标志着土木工程技术在运河开凿方面的应用向前迈出了重要一步，但这并非第一步，因此为了认识工程师们所取得的成就并从历史的视角来审视他们的工作，就有必要对先前的事情有所了解。

一伙人或一匹马所能拉动的水上行船的负载要远大于陆地上轮式马车的负载，这在很早以前就显而易见了，尤其是在没有碎石路的时候更是这样。但水运最初仅限于河流，河流天然适合水运，不是因为它们水深且流动缓慢，就是因为像我们的塞文河（river Severn）一样，可利用其强大的潮汐把货物带至内陆很远的地方。然而，通常情况下，河流的自然比降对航行来说太陡，航行会遇到难以克服的急流和浅滩。通过建造一种装置克服了这个困难，这种装置有多种名称，如冲水闸（flash lock）、止水板（staunch）[1]、航行堰（navigation weir）或水闸（watergate）。堰或坝横跨河流而建，以便抬高浅滩以上的水位。砖石堰留有一个缺口使船能够通过，可以利用升降门、旋转门，或者利用靠在旋转梁上被称作"桨"的一系列可移动木板来关闭这一缺口。

几个世纪以来，建造一系列这样的冲水闸是使水流湍急的河流适合通航的唯一已知办法。这是一个极其缓慢的方法，当船只等待堰门打开，或者已经过堰并关上身后堰门等待水位上升至能使它们继续向上游前行时，都会有长时间的延误。船闸［最初被称作塘闸（pound lock）[2]，以区别于早期的冲水闸］结束了这一冗长乏味的进程，并真正使

---

① Staunch是描述阻止水流的常用词，当涉及运河时，常被描述成冲水闸或能开启让船通过的单门。Staunch是英国的一个专有术语，也可以称之为止水板（stop planks），只不过staunch更普通（据英国著名的运河工程专家Mike Clarke介绍）。——译者注

② Pound的含义是两闸之间的运河，Pound lock指中间有一长段运河的船闸，本文译作"塘闸"，因为据张伯行撰《居济一得》卷4《七级放船法》记载，可推知"塘"为相邻两闸之间的运河（见钟行明. 经理运河：大运河管理制度及其建筑[M]. 南京：东南大学出版社，2019.8，P152），"塘"的含义与Pound的含义相同。——译者注

得河流以及后来的运河通航变得切实可行。

　　船闸经常被称作人类的重要发明之一，但实际上与其说是发明，不如说是演进。船闸在不同国家的首次出现或许不是因为单一发明的传播，而是因为发展的同步进程。值得注意的是，在任何可通航的河流上两个冲水闸建得通常比以前更靠近，由于两闸之间保持或"滞留"的短距离河段可以迅速地填满或放空，并可充当平衡塘，所以乘客可以更快地通过船闸。因此在某种程度上，第一批塘闸是"偶然"创造的，一些此类船闸是在低地国家（Low Countries）①或者类似地区专门建造的。无论是由倾斜的草皮驳岸还是砖石墙围合的闸室，都由大规模的圆形或不规则形的、类似于小型封闭船坞的港池组成。闸室意欲容纳许多同时通过的船只，最早建造的闸室的确是小型湿船坞，因为它们承担着内陆与潮汐水域之间的交通联系。在荷兰及东英吉利地区（East Anglia），船闸具有如同应用于冲水闸的断头台式闸门，由荷兰工程师引入该地区，当地称为"止水板"。

　　渐渐地，船闸是一种能随意升高或降低水位的封闭船坞的想法让位于船闸是具有砖石闸室的更小构造，闸室通常是矩形的，尺寸是由计划航行的船只的尺寸所决定的。这样做的原因，部分是为了通过使它更接近通行吨位来节约过闸时的用水量，部分是为了避免延误，从而确保更加正常的交通流量。

　　通过使用塘闸连接人工通航的"引水渠"（cut）绕过弯弯曲曲和艰难的河段，许多欧洲河流首次实现了通航。从这种类型的河流航运到后来所称的"旁支运河"（Lateral Canal）只是一小步，旁支运河实际上是长的"引水渠"，它从源头附近的河流取水，沿着独立的路线顺着旁边的河谷向下，并且只有在容易通航的地点汇合，而这一地点通常会在潮区界（tidal limits）内②。

　　除了非常干旱的季节，河流航运和旁支运河的供水都没有出现严重的问题。直到第一条越岭运河（summit level canals）开凿后，考虑供水和利用的经济性的问题才开始显得更为突出。之所以称为越岭运河，是因为它要穿过两条河谷之间的分水岭（峰顶），这意味着所有用于过闸的水必须从该水位取水。在不能自然供水的海拔高度上确保所需容量的稳定供水，是这类运河工程师必须解决的最大问题。

---

① 低地国家，是对欧洲西北沿海地区的称呼，广义上包括荷兰、比利时、卢森堡，以及法国北部与德国西部，狭义上仅指荷兰、比利时、卢森堡三国。——译者注

② 潮区界（tidal limit），是指潮汐河口中发生潮位变化的上界。涨潮时潮波由河口沿河道上溯，潮波变幅等于零的分界点。其位置并非固定不变，随河水流量大小与涨潮流强弱等因素的不同组合而上下移动。参见：河海大学《水利大辞典》编辑修订委员会. 水利大辞典［M］. 上海：上海辞书出版社，2015.10，P396. ——译者注

商业上的成功取决于令人满意的解决方案，因为越岭运河所能承载的交通量取决于可用于过闸的水量，这一事实也迫使工程师在设计此类运河时着眼于节约用水。这样所产生的一个效果就是，很快就普遍采用了尺寸适合特定类型驳船的、具有矩形砖石闸室的船闸。

在大多数国家，有关越岭运河的乐观提议通常可以追溯到实际建造实现以前的一个世纪或更早，米迪运河的情况就是如此。这是因为，在河流航运处于统治地位，且没有掌握建造穿过丘陵地区的纯人工航道的工程技术并因而产生未知问题的时候，它们是先进的。因此推动者自然倾向于通过提出越过分水岭、连接两条河流源头的、最短的可行性峰顶"引水渠"使未知降到最低。通常情况下，此类建议不是基于详尽的调查，而是简单地基于地图上呈现出来的最短路线。它们很明显是不可行的，所以没有任何进展。但是随着时间的推移和工程师们经验的不断丰富，静水运河相对于急流河道的优势变得更加明显。早期的计划以更加雄心勃勃且切实可行的提议的形式复苏了，即提议修建更长的运河，这些运河或者在下游连接两条河流，或者致力于潮汐水域，从而同时避免洪旱灾害。

用实际的例子阐释这一演化进程，据说欧洲最早的塘闸于1373年建于荷兰的弗雷斯韦克（Vreeswijk），来自乌得勒支（Utrecht）的运河在这里流入莱克河（Lek）。然而，安德罗西将军（Général Andreossy）在其《米迪运河历史》的前言中声称，早在1285年，荷兰的斯帕恩达姆（Spaarndame）就建有一座塘闸。

施特克尼茨运河（Stecknitz Canal）建于1391～1398年，连接位于劳恩堡（Lauenburg）的易北河（Elbe）与位于吕贝克（Lübeck）的特拉夫河（Trave），据称是欧洲最古老的越岭运河。然而，这种区别的学术性大于真实性，因为这一地形的自然特性仅需要两个船闸。

像弗雷斯韦克船闸一样，这些船闸是内港式的，且装有断头台式闸门。它们能容纳许多小船，每周开启两次。英格兰最早记载的塘闸也是相同的类型，是由约翰·特鲁（John Trew）于1564～1566年间在埃克塞特运河（Exeter Canal）上建造的。最后是短旁支运河的一个早期例子，它是为绕开艰难的埃克斯河（Exe）潮汐河口而修建的。

因为意大利是欧洲文艺复兴的摇篮，所以该国工程师应该是15世纪的运河建造大师。1462～1470年间，在贝托拉·达·诺瓦特（Bertola da Novate, 1410-1475）指导下建造的马特萨那运河（Martesana Canal）是一个很好的例子。它从特雷佐（Trezzo）的阿达河（Adda）取水，沿着这条河前行8公里，然后向西流经伦巴第（Lombardy）平原到达米兰，全程39公里。它包括两座船闸和一条有三个18.3米跨度的砖石渡槽，运河通过渡槽跨过莫格拉河（Molgora），这似乎是世界上第一条专门为通航而设计的运河渡槽。较小的溪流通过涵洞从马塞萨纳运河下穿过，涵洞设计为后来米迪运河的工程师所效仿。

诺瓦特负责修建从米兰大运河（Naviglio Grande）的阿比亚特（Abbiate）到贝雷瓜多（Bereguardo）村的贝雷瓜多运河（Bereguardo Canal），贝雷瓜多村有一条通往提契诺（Ticino）河的便捷陆路货运线。这是第一条建有大量多级船闸的运河，19公里内有18座船闸，总落差为24.4米。

毫无疑问，意大利在引进这种至今仍在广泛使用的双摆动式人字闸门方面功不可没，但究竟是谁最先引进的，还有待商榷。这项发明在1440年已归功于工程师菲利浦·玛丽·威斯康蒂（Philippe Marie Visconti），然而安德罗西将军声称，在1481年，威尼斯共和国（Venetian Republic）的工程师丹尼斯和皮埃尔·多梅尼科（Denis and Pierre Domenico）兄弟在斯特拉（Stra）的一个船闸使用了木制双人字闸门，位于连接帕多瓦（Padua）与布伦塔河（river Brenta）的运河上。然而，现代观点一致认为，莱昂纳多·达·芬奇（Leonardo da Vinci, 1452–1519）是它们的发明者，并且确定是他绘制了具有这种类型闸门的砖石闸图样。据说他在1482年被任命为米兰公爵的工程师后，把这种闸引入米兰的内河航道。

如果用老式断头台式闸门关闭宽度或深度相当大的闸室，它必须具有巨大的尺寸和重量。此外，为提供足够的通航净空，它必须在一个高架框架内升高至高于水平面2.5米处或更高，这是一个缓慢而艰巨的过程。它唯一的优点是把闸门和节制闸（regulating sluice）结合起来。另一方面，摆动式人字闸门需要额外的控水设备，因此提供水闸或英格兰俗称的"桨"。尽管运河上有各种不同类型的水闸，但最古老且仍旧最常见的形式是一个小型断头台式闸门，闸门在框架内滑动且可以用上面的机械装置拉升，这个机械装置通常不是齿条和小齿轮，就是螺旋桨，因此发现它后面有一个孔。这些水闸通常安装在闸门本身内，但为了避免深闸注满水后淹没船只，通常仅在上闸门之上提供地面闸。在此类情况下，操作装置安装在船闸翼墙上，水闸本身让水进入连接运河与闸室底部的地下涵洞。多数具有人字闸门的早期船闸仅用门闸（gate sluices），尽管让·德罗克肯希恩（Jean de Locquenghien）早在1552年就把上、下地面桨引入了布鲁塞尔运河上的船闸。然而，直到运河修建更加先进时，这个先驱者的例子才被广泛效仿。

人字闸门除了不需要高架框架外，远比古老的断头台式闸门更加复杂，因为它具有水闸、水闸机械装置、平衡木以及在砖石闸墙所形成的闸臼中旋转的门轴柱，更不用说为形成每对闸门的基座所必须建造的V形水下槛。但它并不笨重，相反，它操作起来更加便捷。因此，随着船闸数量的迅速增加和深度的加深，人字闸门的优势是决定性的，其使用迅速蔓延整个欧洲。1550年在法国布尔日（Bourges）附近的耶夫尔河（Yèvre）、歇尔河（Cher）和欧龙河（Auron）上出现了人字闸门，这些地方的闸具有27米×4米的矩形闸室，并配备人字闸门。1567年，荷兰的斯帕尔纳丹（Spaarndam）出现了三组人字闸门。1571～1574年间，在利河（River Lea）上的沃尔萨姆修道院（Waltham Abbey）修建了英国的第一座人字闸门船闸。

1515～1522年间，米兰市在法国国王弗朗西斯一世（Francis I）的统治之下。意大利的运河工程师显然给这位君主留下了深刻的印象，因为他自己负责一项雄心勃勃的计划，即在阿达河旁修建一条旁支运河，该运河始自马蒂萨那运河与阿达河在特雷佐的交汇处，目标是远航至科莫湖（Lake Como）。

1516年，达·芬奇陪同弗朗西斯一世返回法国时，他们一起探讨了以意大利模式利用运河连接某些法国河流的可能性，以期在法国东部和西部之间开辟内陆交通。审议了两项主要提议：第一，连接朗格多克省的加龙河（Garonne）和奥德河（Aude）；第二，连接卢瓦尔河（Loire）和索恩河（Saone）[查若莱斯（Charolais）或中央运河]。第二个计划虽然很有吸引力，但因难度太大而放弃，因而注意力集中到第一个提议上。

人们只要瞥一眼法国南部的地图就会明白，为什么连接加龙河（向西流入大西洋）和奥德河（向东流入地中海）的想法即使在早期也这么吸引人。因为它们的支流——赫兹河（Hers）和弗莱斯克河（Fresquel）的水源相距只有几公里远，这些河流已经在向北的中央高原（Massif Central）和向南的比利牛斯山（Pyrenees）山麓之间形成了一条连接两海的天然走廊。这条天然走廊的存在对朗格多克州动荡的历史贡献不小，从罗马时代起，它就一直是由臭名昭著的西蒙·德蒙福尔（Simon de Montfort）、黑太子（the Black Prince）以及惠灵顿（Wellington）公爵等人所率军队的战略路线。德蒙福尔率领的基督教十字军（Christian Crusade）用剑和火消灭了异教徒，而正是在瑙鲁兹（Naurouze）河谷分水岭附近，铁公爵（Iron Duke）和苏尔特元帅（Marshal Soult）于19世纪签订了停战协议。自古以来，它还形成了一条重要的贸易线路，且如今仍是这样，穿越河谷、连通波尔多、图卢兹与蒙彼利埃（Montpellier）和马赛（Marseilles）的公路干线和铁路线上的交通见证了这一点。

对历任法国国王和大臣们来说，这条河谷看起来是连接两海的水路的明显路线，多年来，工程师按照他们的指示进行了实地勘测并提出了不同方案。尼古拉斯·巴切利尔（Nicolas Bachelier, 1485–1572）是他们中的第一个。遵照弗朗西斯一世的命令，他进行了被认为是第一次的勘测，并提出修建一条从图卢兹的加龙河到卡尔卡松

（Carcassonne）的奥德河的运河，这一计划比他的继任者们更切合实际，同时也更具野心。20年后，出生于意大利的亚当·德克拉波内（Adam de Craponne）[1]调查了这一路线，但后来的宗教战争（Wars of Religion）有效地阻止了进一步的发展，直到1598年汉弗莱·布拉德利（Humphrey Bradley）遵照亨利四世（Henri IV）的命令回顾弗朗西斯一世及其大臣苏利公爵（Duc de Sully）的最初方案。尽管汉弗莱·布拉德利有英文名字，但他是来自贝亨奥普佐姆（Bergen-op-Zoom）的荷兰人，他自诩拥有皇家戴克马斯特（Royal Dykemaster）头衔。他有关朗格多克运河的方案看起来与先驱巴切利尔的相反，缺少雄心壮志，并且也不太切合实际。例如，据说他曾提出渠化瑙鲁兹峰顶以西的小河赫兹河，这会涉及沿谷底的主要工程，该谷底后来成为声名狼藉的沼泽，可以正确地判断这是不切实际的。但一直悬而未决的主要问题是：无论这些阴谋家如何通过提议使支流赫兹河与弗莱斯克河通航以努力减少此项目的量级，他们都无法回避连接这两条支流意味着运河要越过瑙鲁兹189米峰顶面的事实。

如何为该短峰顶提供足够且可靠的水源？这一问题击败了他们，朗格多克的亚热带气候更是加剧了这一问题。盛夏时节，长时间干旱和极端高温并时不时出现罕见但猛烈的暴风雨，这些极端天气否定了通过使当地河流通航而节省建设成本的想法。峰顶东侧，夏季的干旱会使得弗莱斯克河、奥德河、奥尔布河（Orb）以及埃罗河（Hérault）萎缩成为浅的、不能通航的、蜿蜒流淌于宽广砾石滩上的溪流。然而，中央高原上的风暴在几个小时内就可以把这些河流变成汹涌的激流。很明显，要避开这种变化莫测的河流，最好是沿着地势较高的地方延长运河，远离易受洪水侵袭的河谷。但是这一策略放大了供水问题，且产生了另一个问题，即如何穿过这些河流。因为除了发源于比利牛斯山脉的奥德河以外，其他河流都发源于中央高原并流入地中海，因此与该路线交叉。

这些棘手的问题致使苏利建议国王应该搁置朗格多克运河计划，而更多地关注一个更北的、更加温和的提议，从汉弗莱·布拉德利的调查结果看，这个地方更有希望。这一提议是修建一条连接卢瓦尔河与塞纳河（Seine）的运河。这一计划不仅具有商业吸引力，而且可能最终形成弗朗西斯一世和莱昂纳多最初设想的第二条大西洋——地中海路线的分支。苏利的决定是明智的，因为尽管最终由该决定产生的布里亚尔（Canal de Briare）运河只有34公里长，但它充当了那些最终设计米迪运河的工程师们的工作模型。

1　德克拉波内（1526~1576年）是法国有史以来建造的第一条大型人工水道的工程师，由于这只是为了灌溉，本章前面没有提到。设计这条被称为"克拉波内运河"的目的是将迪朗斯（Durance）河的河水输送到普罗旺斯（Provence）干旱但肥沃的土地上，加上其支流，全长160公里。

1603年最初制定的连接卢瓦尔河与塞纳河的计划是那个时代的典型，其中包括在分水岭两侧尽可能地延长通航河道，因此把运河长度缩减至最短。支流特雷泽河（Trézée）从它与卢瓦尔河在布里亚尔的交汇处开始，可通航16公里，直到布雷图（Breteau）村。同样的，在峰顶高原的另一侧，塞纳河的支流卢万河（Loing）在罗尼（Rogny）向下至蒙塔日（Montargis）之间的42公里内是通航的。峰顶面海拔81米，人们认为总共需要48座船闸。

这项计划公开招标并在1604年2月把合同签给了胡格斯·科斯尼尔（Hugues Cosnier）。科斯尼尔不只是一个承包商，他还是一个毅力非凡的天才工程师。他仔细调查了这条路线后，认为要执行的计划在两个最重要的方面有缺陷：它既没有给峰顶面供水的规定，也没有特雷泽河与卢万河防洪保护的规定。这些河流上的航运交通经常因洪灾或干旱而中断，詹姆斯·布林德利正是为此而宣称，这些河流的唯一作用是为运河供水。近200年前，胡格斯·科斯尼尔显然已得出同样的结论，因为他为从布里亚尔到蒙塔日的新运河制定了一个替代方案，替代已提议的全部河段。他也提出了调整峰顶面以消除先前设想的深堑，同时为供水做了更好的准备。新的峰顶面比原计划缩短了4.5公里。

由科斯尼尔规划的供水系统包括一条4.8公里长的供水渠，这条供水渠从特雷泽河源头附近的上游取水口到充当蓄水池的、称作"加松内塘"（Etang de la Gazonne）的小湖，水可以直接从该湖流入运河峰顶面。科斯尼尔制定了一项巧妙的供给以确保额外的储备，因此部分峰顶面本身可用作蓄水池。峰顶面的一端有21公里长的部分被加深了2.45～2.75米，通过一个挡水闸（stop lock）把加深部分与峰顶的其他部分分开。这一部分每端的门槛深度足以允许从中抽取1.5米的水而不妨碍通航。罗波特·怀特沃斯（Robert Whitworth）采用了类似的权宜之计来加深利兹（Leeds）和利物浦（Liverpool）运河的整个短顶峰面，尽管我们无从知晓他是否是有意效仿科斯尼尔的例子。

科斯尼尔还首创了另一项为后世运河工程师所广泛采用的原则，就是尽可能地集中船闸，使船闸之间的水平塘达到最大长度。这一安排不仅简化了船闸的监督和维护，而且也可以改善交通工作和水量调节。

1604年12月，皇家委员会接受了科斯尼尔修改后的计划，并抽调6000名士兵到该地区充当劳动力。工程迅速进展，直到1611年，萨利公爵随着前一年国王的暗杀而被迫辞职，新政权任命了包括汉弗莱·布拉德利在内的委员会来汇报工程的状态和竣工费用。尽管他们对已经完成了超过3/4的运河进行了热情洋溢的汇报，并建议工程应该继续；尽管科斯尼尔本人提出愿意承担继续进行的风险，作为回报，他取得运营后前六年收取通行费的权利。但由于战争和孱弱的政府，工程没有任何进展，这项工程搁置了17年。虽然科斯尼尔在别处找到了工程项目，但这对他来说一定是一个沉重的打击，他在工程停止时已建成40座船闸中的35座。

根据科斯尼尔集中船闸的原则，这些船闸中的许多是二级船闸或如英国所称的"立板"（risers）①，也就是说，它们由两个相继的提升闸室构成，被中间槛和闸门隔开，也有三组同模式的多级船闸。运河在罗尼急剧跌入卢万河河谷，此处建有6个闸室，总落差达20米。在那个年代，这当然是一个令人印象深刻的、无与伦比的工程。所有船闸都有1.8米厚的砖石翼墙，这些模型被罗克肯希恩（Locquenghien）引入科斯尼尔曾到访过的布鲁塞尔运河之后，船闸的水位完全由地面水闸和涵洞控制。

1628年，弗兰奇尼（Francini）和勒·默尔西耶（Le Mercier）两位工程师重新检查了运河并强烈建议完成，但附带条件是应该给峰顶面提供额外供水系统，原因是诸如罗尼的大型船闸会消耗数量庞大的水，特别是在闸室很大、足以容纳长32米、宽4.6米的船的情况下。他们提议从位于圣普里沃（St-Privé）的卢万河源头修建第二条供水渠道，像第一条供水渠一样，它也会流入位于峰顶塘旁的一个小湖中，但会位于一个更高的水位，因此它可以充当蓄水池。科斯尼尔曾提出修建第二条供水渠，但活着时没有做。老工程师于1639年去世，他的杰作被荒废了8年，直到去世的前一年，纪尧姆·布特鲁埃（Guillaume Boutheroue）和贾克·盖恩（Jacques Guyon）从路易十三那里获得了专利特许证，授权他们修完运河并偿还积欠债务，以换取所有权。出于这一目的，他们成立了公司并在纪尧姆的哥哥——弗朗索瓦·布特鲁埃（François Boutheroue）的指导下，建完了剩余的五座船闸并修缮原工程。1642年，运河完成并最终开放，恰好如38年前科斯尼尔所设计的那样。然而，正如弗兰奇尼和勒·默尔西耶所预言的那样，他设计的一个缺陷是，向峰顶供水不足。如他们建言，开挖了一条始于圣普里沃、长21公里的第二条供水渠，1646年完工。这是早期测绘中一个了不起的壮举，因为它总共下降了1.7米，或者是1公里下降8厘米。

布里亚尔运河很快取得了商业成功，其资本收益率为13%，并且在接下来的150年里，年平均运输量为20万吨。此外，与英国运河的悲惨历史不同的是，在19世纪，每年的运输吨位翻番，在20世纪前半叶变成了3倍。然而在其早期仍然存在一个严重的障碍。因为尽管科斯尼尔具有开创性的远见，但他还不够大胆。因为卢万河位于蒙塔日与塞纳河之间河段的通航受到至少26座冲水闸的阻碍，这些冲水闸建于那条河上的磨坊

---

① 据英国著名的运河工程专家Mike Clarke介绍，riser的含义是梯级船闸的一个闸室。——译者注

旁。这里如同其他地方一样，磨坊主们反对用塘闸代替冲水闸，这些争论并非没有理由，因为塘闸引起水在尾流中回流从而干扰磨坊工作。同样的情况恰巧也发生在这个区域，此处一条新运河与一条古老的通航河流汇合[1]，但是在这一情况下引起的难以忍受的延迟很快得到改善，因为到1723年，从蒙塔日到塞纳河已经修建了一条新的旁支运河。

与240公里的米迪运河相比，布里亚尔运河似乎是一个很小的工程。然而它被认为是世界上第一条重要的越岭运河，并且代表了那个时代最先进的运河建造技艺。它的成功无疑鼓舞了那些仍然对加龙河与地中海之间的水路连接怀有梦想的工程师和倡导者。尽管那个时代对建造运河不利，布里亚尔运河的延迟完工就是例证，但这一梦想并没有破灭。1633年，一位被德·拉兰德（de La Lande）描述成国王工程师（ingénieur du Roi）、名叫艾蒂安·蒂霍特（Etienne Tichot）的工程师向红衣主教黎塞留（Cardinal Richelieu）提交了一份从图卢兹的加龙河到纳巴达（Narbonne）附近的奥德河的运河计划。不久以后又出现了另一个计划，这一次是在特雷布（Trèbes）连接奥德河，特雷布是卡尔卡松稍东、奥德河边的一个村庄。

即使在璐鲁兹峰顶和与加龙河交汇处之间的、较短的运河西线的意见上，也存在分歧。尽管图卢兹市也许看起来是一个显而易见的西部终点，但有些人主张使赫兹河全部通航，这意味着完全绕开图卢兹城。因为赫兹河在流入加龙河以前沿着图卢兹东缘流淌，它在城市下游几公里的格瑞纳德（Grenade）小镇附近流入加龙河。

最后，这里必须提及另一项提议，该提议本来会远远避开图卢兹，因为从随后的事件来看，它并非没有意义。它源于由卡斯特尔学院（College of Castres）摄政者皮埃尔·博雷尔（Pierre Borel）发起的一项计划，该计划通过使塔恩河（Tarn）及其支流阿古河（Agoût）通航而为卡斯特尔提供一条到加龙河的水上线路。通过修建31座船闸，塔恩河最终有146公里可以通航，即从它与加龙河在穆瓦萨克（Moissac）的交汇点到阿尔比（Albi）上游9公里处。实际上，塔恩河航线一直使用至1888年，之后它便屈服于洪旱灾害的影响。

当从阿古河与塔恩河在圣叙尔皮斯（St Sulpice）的交汇处到卡斯特尔的阿古河航运工程开始时，有人建议它可能形成两海之间航道的西段。要想做到这一点，就必须使索尔河（Sor）的部分河段通航，索尔河要实现通航的河段是从位于卡斯特尔稍下、阿古河与索尔河在阿古河畔维耶米尔（Vielmur-sur-Agoût）的交汇处到小镇勒韦（Revel）附近的一点，运河从此处修建至璐鲁兹。

---

1 比如泰晤士河与塞文运河以及泰晤士河上游航行。

　　大约就在这个时候，不幸的皮埃尔·博雷尔作为一名新教徒，在卡斯特尔学院被耶稣会接管时失去了职位，再也没有听到他的任何消息。他是否负责进一步的提议，我们不得而知，尽管有一种强烈的推测是由他负责的。如果是这样的话，他显然已经熟知当地地形，并几乎解决了长久困扰两海运河所有计划的关键问题。

　　索尔河发源于黑山，向西北方向流入阿古河。黑山是由大量花岗岩构成的，高达1210米，形成了中央高原的西南端隆起。与东南干旱的土地相比，山区降水量大，许多从山区流下的河流已在树木茂密的山坡上形成了深谷。一些溪流南流以充盈弗莱斯克河，并最终找到通往地中海的路；其他溪流，如索尔河，则沿着相反的路线，向北、向西流入大西洋。被称为洛拉盖（Lauragais）的石灰岩高原自山脚向南延伸至比利牛斯山山麓，这里是赫兹河与弗莱斯克河的发源地，因此这个高原形成了大西洋和地中海之间的分水岭。它的最低点是瑙鲁兹山口（Col de Naurouze），有时称作"瑙鲁兹门槛"（Seuil

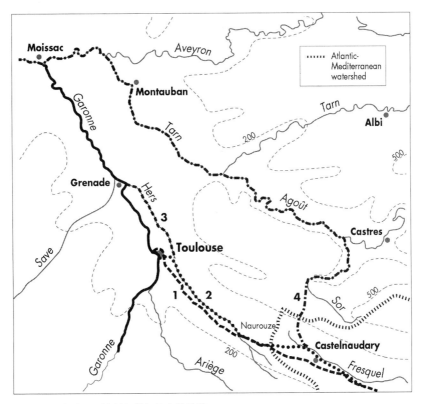

图1-1　从加龙河到奥德河的运河备选路线

1. 建成的朗格多克运河路线，1661～1681年；
2. 巴切利尔（16世纪中叶）、蒂霍特（1633年）等人规划的路线；
3. 赫兹河谷中的备选路线，避开图卢兹；
4. 皮埃尔·博雷尔提出的服务于卡斯特尔的路线。

de Naurouze）。如果确实是博雷尔已明白了这样的事实，即如果使索尔河通航，将完全有可能通过一条蜿蜒的运河连接索尔河与瑙鲁兹，这条运河沿着弗莱斯克河河源周围的洛拉盖等高线分布。这样会使得两海之间的航道非常迂回，尽管可能会使卡斯特尔和阿尔比受益，但它会完全绕开省会图卢兹。

1662年，一批来自卡斯特尔的地方官员考察了蒙托邦（Montauban）和卡斯特尔之间的新航行情况。他们发现，阿古河工程已陷入这一时期困扰此类工程的最常见的困难之中。当地地主极力抵制砍伐树木以及其他拉直河道的必要工程，当地磨坊主执意宣称通航会干扰磨坊的运转。后者中的德·加里巴勒（de Garribal）先生尤其故意刁难，拒绝允许在他磨坊旁新建船闸。视察者发现事情已陷入僵局，由阿尔比、卡斯特尔和拉沃尔（Lavaur）三个教区向国王的首席大臣科尔伯特提出诉求，恳求他利用自己的巨大影响力来确保工程顺利完成。

到目前为止，规划的两海之间运河已在朗格多克谈论和宣扬了100年，但毫无进展。规划路线沿途的图卢兹、卡斯泰尔诺达里、卡尔卡松和纳巴达的城镇居民看到这么多工程师和勘测员来来回回毫无结果，他们似乎认为运河只不过是一个毫无可能实现的宏伟梦想，然而这个梦想却即将成为现实。这要归功于两个因素：法国异常有利的政治气候以及富有卓越远见和想象力并驱使这项艰巨任务付诸实施的负责人。太阳王路易十四和大臣科尔伯特提供了适当的政治气候，而负责人皮埃尔·保罗·里凯（Pierre Paul Riquet）得到了勒韦的地下水勘探师（fontainier）皮埃尔·坎普马斯（Pierre Campmas）和年轻工程师弗朗索瓦·安德罗西（François Andreossy）的鼎力相助。

第二章

构　想

1604年6月29日，皮埃尔·保罗·里凯出生于贝济耶。据说他的家族是意大利人后裔，称为阿里格蒂（Arrighetti），1268年服务于戈布兰（Gibelins）时移居到法国南部。这个家族繁衍壮大并定居于普罗旺斯与朗格多克，易名为里凯提（Riquetti），并最终改为里凯。16世纪，雷尼埃·里凯（Regnier Riquet）创立了一个家族分支，后来成为朗格多克的卡拉曼伯爵（Comtes de Caraman）。与许多移民家族一样，里凯族人很快完全认同了移居国。这种认同以至于让他的老师错愕的是，年轻的皮埃尔·保罗拒绝学习希腊语、拉丁语甚至法语，而他更喜欢讲当地的奥克语（Occitan），朗格多克省就得名于奥克语。

皮埃尔·保罗的祖父尼古拉斯（Nicolas）是一名裁缝大师，他通过迎娶富家女贝阿特丽斯·博尔迪尔（Béatrice Bordier）而改善了家族际遇。他的父亲纪尧姆是贝济耶的一名资深律师，通过不太审慎正直的手段成功积累了财富。他还利用当地政治的混乱，使自己被任命为城市30名管理者或顾问之一，因此在贝济耶拥有巨大的影响力。1618年1月，众多两海运河议案之一被该委员会提上议事日程，纪尧姆·里凯是多数反对者之一，也许是因为所提议的至地中海的路线经过纳巴达而不经过贝济耶。但是毫无疑问，里凯家庭讨论过连接两海的此项计划和其他运河计划，这个想法激发了年轻的皮埃尔·保罗的想象力。

里凯在贝济耶的耶稣教会学校接受教育，尽管拒绝或无力学习语言使他不受老师欢迎，但他在科学和数学方面表现出极大的兴趣和天赋。这得到了他的教父——保塔格内亚神父（Father Portugniares）的认可和鼓励，但是他父亲和教父重视数学似乎是看到了年轻的里凯作为金融家和商人的前景。因为里凯后来承认，他没有接受过正规的工程训练。

里凯像他祖父一样，也娶了有钱人。当他只有19岁时，他娶了凯瑟琳·德米约（Catherine de Milhau），她是贝济耶一家富裕资产阶级家庭的女儿，她的嫁妆使他有能

图2-1　邦雷波斯城堡，皮埃尔·保罗·里凯故居

位于图卢兹以东20公里左右的韦尔费伊村附近，他在此修建了一个微型运河系统。

力购买位于韦尔费伊（Verfeil）村附近的邦雷波斯（Bonrepos）城堡和庄园，这个小村位于图卢兹以东20公里、吉鲁（Girou）河河谷的山坡上（图2-1）。七年之后的1630年，在神父保塔格内亚的影响下，里凯被任命为朗格多克食盐税收税员，不久他就成了整个省的盐税总承租人。这个职位虽然有利可图，但却任务繁重，需要遍历朗格多克省，里凯正是以这种方式获得了米迪运河最终经过地区的详尽知识。1632年，他任命自己的前校友保罗·马斯（Paul Mas）为副手，保罗·马斯已是一名法学博士，是贝济耶一名才华横溢的律师。同年，里凯的父亲去世，他继承了父亲的大部分遗产，把家安在了贝济耶的圣菲利克斯广场（Place St Félix），这是他在朗格多克省东南部生意的中心。

　　法国在1206年首次引入食盐税，并成为国家税收的主要来源之一。里凯的部门利润丰厚，在能干的妹夫保罗·马斯的协助下，他赚了很多钱并有能力从事军事承包商业务，供给国王在塞尔加涅（Cerdagne）和鲁西荣（Roussillon）的军队。这项承包业务也有丰厚的利润，使得里凯到50岁时就积累了数百万法郎的财富。1665年，他购得了位于图卢兹圣庞塔莱翁广场（Place St Pantaléon）的市区住宅，但还是最喜欢邦雷波斯的乡村庄园，只有在那里他才能真正有家的感觉，随着时间的流逝，他待在那里的时间越来越多。

50岁时取得这样物质上的成功，而且有一个能干的副手，大多数人会乐于退休，到邦雷波斯过一种乡绅生活。但里凯与众不同，宁静安逸的生活并不适合他，能使他扬名立万的事业仍在面前，很少有人在晚年时还能满怀燃烧的激情和无尽的精力从事如此艰巨的任务。他在贝济耶还是孩童时，连接两海运河的梦想激发了他的想象力，这一梦想从未离开，前前后后许多夭折的提案使他一直保持这一想法，现在他有财富和闲暇认真地考虑这个想法，思考这一梦想是否能变成现实。他参观过布里亚尔运河，并且非常欣赏科斯尼尔在罗尼的梯级船闸以及其他工程。毫无疑问，在他看来修建一条两海运河是可行的，最大的问题是如何供水，这是以前所有计划的绊脚石。

重要的是要记住，像特尔福德后来的喀里多尼亚（Caledonian）运河与约塔（Göta）运河一样，米迪运河主要是为了避免漫长的海上通道，因此不得不把它设计成适于通过当时的海上贸易商船。诚然，在里凯时代，这种船是很小的。然而尽管如此，这意味着与仅仅用作内河航运的英国运河系统的主要部分相比，米迪运河必须大规模地修建。过闸时必然消耗大量的水，此外，因蒸发而损失的水会远远大于有着温带气候的英国，尽管我们不知道里凯是否考虑了第二个因素。但无论如何，他意识到必须给前面提及的、位于瑙鲁兹的峰顶面输入充裕的水量，供水在炎热干旱的夏季决不能中断。

经过初步考虑，里凯接受了一项提议，即运河应该从峰顶跌落向东汇入卡斯泰尔诺达里与卡尔卡松之间的弗莱斯克河。弗莱斯克河与奥德河从这个交汇处可通航至萨莱莱（Sallèles）附近，在此处奥德河与罗比纳运河（Canal de la Robine）交汇。这条古老的运河（据说是由罗马人开凿的）流贯古罗马城市纳巴达的中心，在拉努韦勒港（Port-la-Nouvelle）流入地中海。

对于峰顶与加龙河之间的运河西段，里凯仔细权衡了所制定的三个提案的优点。

德·拉兰德列举如下：

（1）运河从峰顶向北流入索尔河，从那里经过阿古河和塔恩河在穆瓦萨克到达加龙河。

（2）一条从峰顶到赫兹河的短运河，赫兹河到它与加龙河在格瑞纳德附近的交汇点是可通航的。

（3）一条始自峰顶的较长运河在图卢兹汇入加龙河。

在这些选项中，里凯选择了第三个。在他看来，这样一个伟大工程绕开朗格多克省首府是不可想象的。但他正确地决定利用塔恩河及其支流，则意味着通航易于受洪灾和干旱而中断，最好避免这种情况。然而，这是给他解决供水问题灵感的第一个方案，这个问题在他一生中似乎是无法克服的。因为如果真的可以修建一条从勒韦附近的索尔河到瑙鲁兹的支流运河，那它是否会被用来把索尔河的河水输送到峰顶面呢？这事从来没发生在方案的初创者身上，因此他们关注卡斯特尔的命运，关注索尔河、阿古河和塔恩河到勒韦北部的渠化，他们从没想过简单地把索尔河河水引向正南方，但这对里凯来说却是有意义的。

索尔河在勒韦是一条涓涓细流，这里离它在黑山的源头不远。此外，任何把其大部分水流向南转移的建议，必将引起下游磨坊主的强烈反对，他们会要求补偿水量。里凯据此得出一个不情愿的结论，即不能仅仅依靠索尔河提供可靠的全年供水，必须增加供水。里凯推断出这些额外的水只有一个可能的来源，因此他把注意力转向黑山陡峭而树木茂盛的山坡和深谷。

到1662年，里凯已经确信有了正确的答案，但他已经没有时间去说服别人，因为此时索尔河——阿古河——塔恩河这一路线已得到阿尔比、卡斯特尔和拉沃尔教区的联合支持，而且卡斯特尔主教——安格卢·德布勒蒙特（Anglure de Boulemont）已请求科尔伯特支持该方案。勒韦和黑山均在邦雷波斯易于骑行的距离内，因此，里凯骑马去咨询最有可能向他提供建议的人——勒韦的地下水勘探师皮埃尔·坎普马斯以及他的儿子、和他一样博学的小皮埃尔。

地下水勘探师这一职业，没有确切的英语对应词，皮埃尔负责维护勒韦和教区供水，他还负责管理和维护当地河道以尽量减少洪水，从而避免财产损失，因此他对黑山的峡谷和溪流了如指掌。在韦尔费伊村民中，里凯是一个受欢迎的人，因为他直爽、幽默而质朴，他与皮埃尔这样的乡间人物相处融洽。而且，他的热情极富感染力，因此地下水勘探师没过多久就理解了里凯想法的重要性，并且变得和里凯一样对它满腔热忱。这两个人很快就惺惺相惜，这是他们驻扎黑山过程中众多会晤的第一次，他们像两个淘金者，里凯策马驰骋，皮埃尔手握木棍，大步流星。这些实地考察以后，里凯经常在勒韦的村舍中与皮埃尔彻夜长谈。

阿尔佐（Alzau）、韦尔纳索内（Vernassonne）、兰姆佩（Lampy）和兰姆佩龙（Lampillon）等一系列溪流从黑山南坡流下汇入东流的弗莱斯克河。里凯和皮埃尔经过勘探，推断出这些溪流之水可以通过供水渠利用。这将沿着等高线从海拔646米的最东端的阿尔佐取水口延伸至名叫孔凯的地方，此处，供水系统位于东西分水岭的山顶，可以方便地沿着陡坡向下排水以充盈弱小的索尔河。他们判断这将使供水渠的供给更加可靠，而且同时能提供充足的补偿水来使当地磨坊主满意。但是，里凯仍然不十分确信仅凭这一权宜之计就能确保在干旱的夏季为他提议的运河提供可靠的供水。黑山深窄的峡谷自然适于筑坝，他构想用自然水渠把一系列水库与山地供水系统相连。山间降水可以通过此法蓄存起来，然后在夏季随意释放。随后的信件清楚地表明，此时他正在思考整个沿线，尽管到头来他只需要负责建造一座大坝。

很显然，在这个节骨眼上，团队的第三个成员——弗朗索瓦·安德罗西首次登上历史舞台。卡斯特尔的主教安格卢·德布勒蒙特把他作为合适的年轻人选推荐给里凯，这一事实表明，里凯已经在一次不成功的尝试中向德布勒蒙特提及他的想法，以劝他放弃卡斯特尔方案。弗朗索瓦·安德罗西（1633～1688年）是纳巴达居民，但他在巴黎出生并接受教育；他主要学习科学和土木工程，并尤专于水利学。他在首都完成学业后返回纳巴达，但在1660年离开那里去了意大利，他在意大利有家庭关系，因此他可以研究伦巴第和帕多瓦的运河。在我们关心的时候，安德罗西刚刚从意大利之旅返回，满怀着对运河的热情，他提供了里凯缺乏的专业知识。皮埃尔·坎普马斯为该项工程贡献了自己的地方知识和经验，在整个米迪运河故事中，他只起了一小部分作用。与他不同的是，安德罗西在整个施工期间，自始至终都是里凯的得力助手。

米迪运河应该归功于谁，里凯还是安德罗西？这一直是一个存在争议的问题。在运河开凿之初，里凯已经60多岁，尽管在朗格多克人们对他记忆犹新，尽管有使他的丰功伟绩永垂不朽的塑像和纪念柱以及以他名字命名的街道，但令局外人吃惊的是，如他自己所承认的，一个没有任何艺术经验的年迈收税官不可能负责欧洲最伟大的工程。对于这一事实所引发的显而易见的问题，答案是似乎准备将工程交给年轻、热情并受过专业训练的工程师弗朗索瓦·安德罗西。他如同里凯的詹姆斯·布林德利。这件事在两人后裔之间长期存在争议，弗朗索瓦的曾孙——安德罗西将军在这一点上显然毫无疑问，他在《米迪运河史》中写道："该项伟大工程的工程师——弗朗索瓦·安德罗西被企业家保罗·里凯抢走了荣耀，而比这更不幸的是被剥夺了所有奖励。"

安德罗西将军在他书中所给出的对运河工程初期的叙述与1778年德·拉兰德所写的完全不同，德·拉兰德所写内容是由里凯的后裔以及当时的运河所有者——卡拉曼伯爵和邦雷波斯男爵批准的。根据将军的说法，是安德罗西首次提出了解决供水问题的供水系统的构想，他与富豪里凯交流该想法是为了赢得他对工程的支持。

祖先崇拜是最有力的历史伪造者之一。知道了这一点，面对两个相互矛盾的叙述，对一个陌生人或外国人来说，很难寻找三个世纪前事件发生的真实轨迹。然而，如果一个历史学家用足够长的时间思考一系列明显脱节和相互矛盾的事实，他可能会突然明白，像拼图中的碎片一样，它们只能以某种符合逻辑的方式连接在一起，而不是其他的方式。本章代表了这样一种重构。从保罗·里凯的信中可以明显地看出，他不是普通的收税官，而且事实上也不是普通人。尽管他缺乏工程训练，他也不仅仅是一个企业家。

如果运河工程失败了，谁会承担责任？从所有的证据来看，公正的答案一定是里凯。因此，它没有失败，我们就不能拒绝给予他荣誉。另一方面，毫无疑问，安德罗西与其他专业工程师和勘测员一起通过把里凯的想法付诸实践，做了大量艰苦的前期准备工作，没有这些帮助里凯是不可能成功的。也许最恰当的类比是，安德罗西是管弦乐队首席小提琴家，而里凯则是指挥家。是里凯的灵感使这项工程一开始就切实可行，是他提供了不懈的动力和热情，加上所必需的超凡组织能力，使得这样巨大的工程得以圆满完成。

里凯对黑山进行了卓有成效的探查后，下一步是要在皮埃尔·坎普马斯和新雇员安德罗西的协助下，在邦雷波斯的庭院内修建一个运河模型。邦雷波斯的老房子由图卢兹地区特有的玫瑰红砖砌成，被一条护城河环绕或部分环绕，护城河由公园内两个不同水位的小湖供水。这些原本可能是贮水池的湖泊非常契合里凯的目的，据说他在这里建成了一条具有闸、堰、供水渠甚至隧道的缩微运河。也有人说，在邦雷波斯杂草丛生的院子中，仍然可以找到这些工程的遗迹。让人不禁想起的是，詹姆斯·布林德利在他特恩赫斯特（Turnhurst）的房屋庭院中所建造的微型船闸，是他在开凿特伦特（Trent）到默尔西（Mersey）的运河以及斯塔福德郡（Staffordshire）到伍斯特郡（Worcestershire）的运河之前所建。正是里凯或布林德利本应该发现没有必要建造这样的试验性设施的原因。在英格兰有大量的塘闸供布林德利研究和比较，而里凯已经熟知布里亚尔运河，该运河是一个全尺寸的越岭运河案例，到1662年，它已经成功且有营利地运行了20年。然而，在使自己和其他人相信他的想法切实可行之前，他似乎需要这个模型。

当这些活动在邦雷波斯进行时，里凯的朋友、卡斯特尔的主教德布勒蒙特被任命为图卢兹大主教。因此，他成了朗格多克最有权势、最具影响力的风云人物，是精神世界的上帝和世俗社会的国王的首席代表。这位新的大主教于深秋到访邦雷波斯，目睹了信徒皮埃尔·坎普马斯进行的运河模型工作示范。里凯随后详细阐释了他的计划，德布勒蒙特表现出极大的兴趣，并提议他愿意和里凯一起探访黑山。安排妥当后，里凯随后率领由大主教、圣帕普（Saint-Papoul）主教以及几个当地贵族组成的团队考察了他提出的高水位供水渠全线。德布勒蒙特许诺会利用他对科尔伯特的影响来推进该方案，但他建议，作为第一步，里凯应亲自写信给科尔伯特，解释他是在大主教的授意下这样做的。这封具有历史意义、最后注定要启动伟大计划的信件于1662年11月26日在邦雷波斯适时写下并寄出。意译如下：

我在村庄里给您写信，是有关在朗格多克省修建连接两海运河的事宜。我竟敢妄谈我显然一无所知的事情，而且一个盐税官会从事测绘，您对此一定会很惊讶。但当您知道我是在图卢兹大主教的授意下写信时，您会体谅这份进取精神。勋爵说我有幸来到此处已经有一段时间了，或者是因为我是他的邻居和崇拜者，抑或是为了向我学习修建运河之法，因为他早就听说我对此做过特别研究。我告诉了他我所知的一切，并许诺在我从佩皮尼昂（Perpignan）返程途中去卡斯特尔看望他，并从那里带他走一走，能使他看到这种可行性的路。我这样做了，勋爵在圣帕普主教和其他几位杰出人士的陪同下到访了如我所告知的、发现的一切，［因此］勋爵大主教让我草拟一份报告寄给您。

这封信附在这里，但语无伦次，因为我对希腊语或拉丁语一无所知，只会讲蹩脚的法语，因而不可能顺畅地表达自己。

同样，我这样做是为了服从而不是我的意愿。尽管如此，如果您愿意阅读我的草案，您会做出这样的判断：这条运河是可行的，考虑到成本，事实上非常困难，但如果认识到它所产生的收益，就不该过高地考量成本。

时至今日，仍然没有想到合适的供给河流，也没有为这条运河找到易行的路线，因为那些曾经认为很容易的事情涉及改变河流流向以及提水机器等无法克服的困难。因此，您会认为这样的困难总是使人灰心并延迟了工程的实施。

尊敬的阁下，但是现在已找到了易行的路线，河流也可以容易地从它古老的河床改道，并以原有的比降自然跌落，注入新运河。除了寻找资金来支付工程费用外，其他所有的困难都已解决。

尊敬的阁下，对此您有上千种方法，我在随附的记事录中建议您再做两件，以使您更愿意从事这项工程，当您认为此项航行的便利性和安全性将使得直布罗陀海峡不再是一个必要的通道时，您会认为这项工程非常有利于于国王和他的子民。西班牙国王从加的斯（Cadiz）的收益会因此而减少，而我们国王的收益却会因大量的财政契约和将商品进口到王国而增加，除了运河产生的通行费将会带来巨额财富外，陛下的臣民将从数以千计的新商业企业中获利，并将从航行中获益匪浅。

如果我听到您对这个项目满意，我会寄给您一份财政预算，标明有必要建造的船闸数量并以英寻①为单位准确计算所述运河的长度和宽度。

以下是记事录中的重要段落：

……然而我认为最重要的是要有足够的水来充盈［运河］并使它到达峰顶面，这个

---

① 英寻（fathom）为海洋测量中的深度单位，1英寻=1.8288米。——译者注

问题可以通过利用勒韦镇附近的索尔河轻而易举地解决。索尔河在那里会因自然比降流动，因为在勒韦和平坦无山的分水岭之间有16.5米的高差。亦可以轻易地把兰姆佩溪引入勒韦河河床，两者相距约1500步（paces）[①]。把相距1.25里格（league）[②]的阿尔佐溪引入兰姆佩溪也很容易，因此，沿着这条沟渠发现的其他几条小溪汇集到一起，它们持续有力的供给汇集成了流入分水岭的一条大河，这条大河可以从两岸全年供应深1.8米、宽16.5米的运河，因此这条运河的通航会畅通无阻。

一言以蔽之，这是里凯伟大计划成功的关键。我们可以想象，在里凯最终满意并寄出之前，信函中所体现的焦虑以及他在邦雷波斯书房的数易其稿，它确实达到了预期的效果。伟大的科尔伯特一定能感受到，写这封信的人绝不是坐在火炉旁编造空想提案的乡野外行，而是一个讨人喜欢而性格坚定的人，他第一次为两海之间运河提出了切实可行的方案。如果给予足够的资金支持，他可能拥有足够的热情、能力和动力来圆满完成这样一项工程。

让·巴普蒂斯特·科尔伯特（Jean-Baptiste Colbert, 1619—1683）是兰斯（Reims）一名布商的儿子，这名布商在勒·泰利埃（Le Tellier）和马萨林（Mazarin）的带领下努力为皇室服务。科尔伯特努力在法国各地建立国有企业，包括在卡尔卡松创立了由荷兰工匠监督的纺织行业。他清楚地认识到，如果没有有效的交通，任何行业都不可能蓬勃发展，于是他下令维修和更好地维护道路与桥梁。在他的支持下，巴黎和奥尔良（Orleans）之间建成了第一条铺砌道路。他改革的另一目标是国家复杂的内部收费结构，他顶住了强烈的反对，成功地在中部省份建立了统一的收费标准。在大西洋和地中海之间最终能够建造一条水路的前景自然强烈地吸引了他。

因此，这封信的结果是，里凯和德布勒蒙特被召唤一起乘坐大主教的马车去巴黎觐见伟大的人。里凯和科尔伯特似乎很快就志趣相投，此次会晤标志着一个持久、快乐而卓有成效的合作的开始。在这次合作中，科尔伯特几乎始终耐心地支持里凯，不仅是资金上的支持，而且每当事情出错或善变的里凯沮丧时，他都会写一些善意和鼓励的信。

尽管科尔伯特青睐里凯和他的方案，但作为国王的财政部长，他也不得不小心翼翼地进行。他向路易十四提及这件事，路易十四笃信他的统治期应该以实施这样规模巨大的宏伟工程为标志。在科尔伯特的建议下，国王于1663年1月18日下令议会任命一个皇

---

① 步（pace），1步≈95厘米。——译者注
② 里格（League），是一种长度单位，1里格＝3英里，1.25里格≈6公里。——译者注

家委员会调查里凯提案的合理性。皇家委员会继而任命了四名勘测员来协助他们，这包括皇家地理学家让·卡瓦利埃（Jean Cavalier）和弗朗索瓦·安德罗西。

委员会成员们在公共生活中的显赫地位远比在运河工程方面的知识更为突出，但有一个例外。这个重要的例外之人便是亨利·德布特鲁埃·德布尔涅夫（Henri de Boutheroue de Bourgneuf），他是已完成布里亚尔运河上的科斯尼尔工程的弗朗索瓦·布特鲁埃的儿子。亨利子承父业，成为布里亚尔的主任，他被任命为该委员会的首席专家，这一事实让里凯非常高兴。

在接下来的20个月里，里凯与亨利·德布特鲁埃通力合作，审查运河路线和供水系统，以准备初步估计工程范围和花费。防御工事总专员克莱维尔骑士（Chevalier de Clerville）在汇报之前仔细地核查，克莱维尔显然接受了亨利·德布特鲁埃独立完成的估计，鉴于里凯缺乏先前的运河经验，这是一个可原谅的错误。德布特鲁埃在这项初步调查中到底起了怎样的作用，我们无从得知。但是否归功于他的影响力，在里凯于1664年10月20日写给科尔伯特的信中显而易见，信中表明他的想法相较于两年前写的信发生了非常大的变化。在他提出的供水系统的建设上，他提到"昂贵的河岸"。很显然，他现在担心这将证明"能在一年八个月内保持运河充盈并可灌溉周边区域"的供水系统远比他最初想到的更加昂贵。如果这种观点反映了德布特鲁埃的悲观主义，后来证明是毫无根据的。关于在黑山保持夏季用水的问题上，里凯对所需数量形成了一个更为现实的想法，即他所说的"冬季在15或16个水库内蓄水，以此作为4个干旱之月的用水"。

就运河主线而言，尽管纳巴达仍旧是东部的目标，但里凯现在已摒弃了他所继承的旧观念，即使弗莱斯克河和奥德河通航从而减少运河路线长度。他写道："说到奥德河，它是不规则的而且布满了石头，仅能供小船使用。利用奥德河之水在旁边修建一条新运河会更好，新运河距它有一定距离并足够高，可以不用惧怕其洪水，这条新运河会连接古老的罗比纳（运河）并流入地中海。"计划的改变显然在很大程度上归因于德布特鲁埃一定告诉了他蒙塔日和塞纳河之间卢万河航行的缺陷，以及由此引发的布里亚尔运河上的拖延所造成的不利影响。

1664年11月，里凯正式向委员们汇报了他的调查结果。文件中包括一张地图，它显示了供水系统以及图卢兹和纳巴达之间的主要航线。这很可能是安德罗西将军在其书中重现的地图，并声称它是已知最早的米迪运河地图。他说这是150年以后在一些旧文件中的，尽管上面没有日期或归属，但他宣称是1664年的，而且是他曾祖父的作品。这是一件简略而古老的物品，它展示了供水系统的平面，以及主运河如台阶般的高程。如果这些台阶不仅仅是比喻，而实际上是为了描绘每座船闸的位置，那么这张地图是非常乐观的，因为它们总计56座，11座依次从图卢兹上升至峰顶，45座依次从峰顶下降至纳巴达。而运河建成后，会有101座船闸，26座从加龙河依次上升，75座依次下降至地中海。[1]

委员们在1665年1月22日进行了汇报，从这份文件中可以看出，他们一丝不苟地完成了工作。正如图卢兹大主教和圣帕普尔主教在之前所做的那样，他们跟随不知疲倦的里凯深入黑山森林要塞，像许多寻求恩典的朝圣者一样，亦像他们的先驱者一样信心满满。他们估计，里凯提出的供水系统会利用8平方里格（约220平方公里）的汇水面积，平均年降雨量为66厘米。虽然确信这将证明一年中大部分时间是足够用的，但他们怀疑夏季干旱时能否维持供给。但是，他们通过建议在兰姆佩和里耶托尔（Rieutort）河谷筑坝，把里凯提出的15或16个蓄水水库减至2个。

委员们还到访了瑙鲁兹一处被称为格拉沃喷泉（Fontaine de la Grave）的泉源，这里是里凯精确定位的、打算将其提出的主要供水渠——平原沟渠（rigole de la plaine）引到的确切地点。它位于标志着瑙鲁兹山口顶部的一堆巨石附近。像所有这类地质现象一样，这些所谓的"瑙鲁兹之石"成了传说的主题，被认为是巨人或魔鬼的杰作。在这个传说中，一位巨人从东方搬运石头建造图卢兹，在到达通道山顶时疲倦了，就卸下了重负。幸亏皮埃尔·保罗·里凯，一个同样风景如画的神话已在格拉沃喷泉周围出现。委员们在报告中郑重地指出："当下雨时，一半的水流向图卢兹，一半流向纳巴达"，显而易见地得出结论——如果把水引到这个地点也会这样。传说里凯很早就发现了同样简单的事实，惊呼"我找到了"，并立即匆匆向黑山方向进发。米迪运河的整个问题在一闪而过的灵感中解决了，这与詹姆斯·瓦特（James Watt）通过观察沸腾水壶上升起的盖子而发明蒸汽机一样。如果不是里凯和瓦特最先指出，发明从来不会如此简单。

关于运河本身问题，委员们得出了与里凯和德布特鲁埃相同的结论，即最好避免河流。他们建议，最理想的是一条静水运河一直从图卢兹修建到地中海。然而，关于在地中海终点的问题，委员们有自己的想法。他们曾视察了罗比纳河口的拉努韦勒港以及埃罗河上的阿格德港，认为太过陈旧，两者都不会为这样一项浩大工程提供合适的终点。相反，他们建议在狭窄地峡的东北端建造一个全新的地中海港，这个地峡将托湖与海分开。在这项工程中，里凯将无事可做。"我对此问题一无所知"，他告诉科尔伯特，"回到运河主题"。但他并未对此提议感到沮丧，而是指出将易于从纳巴达附近的奥德河/罗

1　这些数字代表了闸室的数量。问题是会因为这样一个事实而存在一定混淆，即在法国，二级船闸和梯级船闸经常被算为是单个。现在总共有99座在用闸室。

比纳河交汇点延长运河，穿过旺德尔湖（Etang de Vendres）（一个排水盐湖），越过奥尔布河和埃罗河以连接托湖西南端。

委员们的最后建议被欣然接受，1666年7月9日，在运河工程开始前六个月，新港口奠基，该港口后来注定成为西特（Cette，现称为塞特）港。造成延误的原因之一是，委员们在事关整项工程成败的峰顶面供水渠问题上采取了谨慎的态度。他们建议，作为一个初步步骤，应该沿着提议的通往峰顶面的供水渠开挖一条两英尺宽的沟渠，以证明水位是正确的，并且索尔河的水真的会像里凯所声称的那样流入瑙鲁兹。里凯非常自信，他表示同意自己出资挖掘这样一条沟渠，并宣称只有成功后才能获得补偿。1665年5月27日的专利特许证授权他进行这项工作。

考虑到里凯在1664年10月写信给科尔伯特时已预测到的大量土方工程所带来的困难，这表明了他勇敢的姿态，但得到了回报。1665年7月31日，他给科尔伯特写了一封热情洋溢的信，信中清楚地表明，他为供水渠找到了更长且更经济的路线，即沿着等高线分布，从而避免了昂贵的土方工程。他写道：

很多人会惊讶于我用了如此短的时间、花了如此少的费用。至于成功，这是肯定的，但却是以一种无人想过的新方式。我可算作其中之一，因为我可以向你们保证，我现在进行的方式对我来说一直是未知的，无论我多么努力地去发现它。我在圣日尔曼时有了这种想法，我思考了很多，尽管遥不可及，但我的梦想一经实现就证明是对的。这一水位证明了我在200里格以外所想象的。通过这种新奇的方式，使我的工程摆脱了每一个填充、筑堤和开挖，得以在地表进行，利用自然比降穿过坑洼和山谷，从而使工程变易，使事情易于维持，我为这项伟大的反常供水系统以及预估的填充物、驳岸和开挖费用节省了400000里弗，也节省了筹集工程所需材料和施工的时间[1]。

在我们今天看来，这样的反思结果是等高线运河开凿的经典早期案例。

里凯这封信的主旨表明，当他写这封信时，他的小型试验沟渠即将完成，但所有权威人士都声称，这项对里凯来说意义重大的关键性试验直到十月份才完成。这件事的解释是，里凯的热情和信心使他在小沟渠到达瑙鲁兹之前，就把它扩展成全尺寸的供水渠。从9月28日他发给科尔伯特的急件中可以清楚地看出这一点，信件如下：

---

1 见信函摹本，第28页。

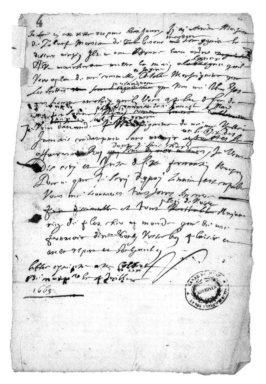

图2-2 里凯书信的手稿样本一，法国图卢兹运河档案馆提供

写于1665年7月4日，信件表明了强烈的决心和对成功的渴望。

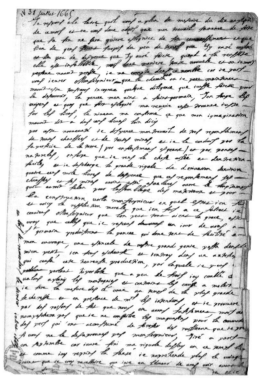

图2-3 里凯信件手稿样本二，法国图卢兹运河档案馆提供

写于1665年7月31日，自豪地向科尔伯特汇报了供水系统的重要进展。

　　有句谚语不无道理："当你开始吃时，你很快就会饥肠辘辘。"我在冒险进行工程时发现了真相。我从一项小型试验供水系统开始，并且我继续开展可能成为主要引水渠的供水系统，比我承办的工作进行的少。实际上，我带到瑙鲁兹的水量几乎足够维持如布里亚尔一样的运河。麻烦是，由于工作的增加和上两周的降雨，将延期完成且费用会增加，因此我大约在明年10月底之前不可能完成，且花费将达到50000里弗左右。但是，尊敬的阁下，最不赞成、最不相信的人会不得不承认，我所做的是一件好事。鲜有人相信成功，如今毫无疑问，多数人会说我所做的事等同于奇迹，如果没有上帝的帮助和魔鬼的协作是不可能完成的。我同意以前的观念，总体上来说，当人们说我有一些天赋但我不是艺术家，也不是魔术师时，我将得到我应有的回报。

　　如里凯所承诺的那样，他在1665年10月底前完成了工程。索尔河之水偏移了路线乖顺地流入瑙鲁兹的格拉沃喷泉，以使持怀疑态度者相信两海之间运河已成为切实可行的提议。当时和现在一样，政府机构面对需要作出重要决策时，总是以谨慎为借口推诿，它抓住任何借口来任命另一调查委员会。对里凯来说，当他成功完成供水渠时，已证明运河案例是毋庸置疑的，但仍有重要问题有待讨论。首先，该项工程如何融资；其次，运河应该是国家还是私人拥有并进行管理。这些重要问题由国王委员会审议并最后决定，该项工程由中央财政、朗格多克省及承办人三方共同出资。必要的土地收购由国家负责，同时朗格多克省的盐税收益将用于支付建设成本。作为对承办人贡献的回报，运河将作为封地授予承办人及其继承者，并且享有通行费收益。为此，委员会决定：

……一项需要持续关注和引起日常费用的工程不能不给公共行政部门带来不便，把它交给个人管理将更有利可图、更安全，给予他所有权，激发他维护的意愿，把公共利益置于私人保护之下。这样的安排可以保证运河的实力、维护及改进，不用担心因财政困难或国家厄难而导致中断。

于是事情又拖了一年，直到1666年10月国王路易十四颁布了一道法令，宣布在两海之间修建一条运河[1]。运河的修建者及其继承者被永久授予运河所有权，免除财产税收，并且拥有在运河两岸建造房屋、磨坊、码头、仓库以及运载商品船只的专有权。他们也享有狩猎和捕鱼的权利以及收取通行费的权利，但不固定收费标准。他们还可以任命法官和12名有权穿戴国王制服的护卫负责收取通行费和执行规章。

根据这项法令，1666年11月18日授予里凯专利特许证，并于1667年3月7日在蒙彼利埃注册。尽管此时建设新塞特港的工程正在如火如荼地进行，但运河东段路线的问题仍旧没有解决。因此专利授权里凯仅修建西段，即从图卢兹的加龙河到特雷布的奥德河，特雷布是位于卡尔卡松稍东的河畔小村。专利授权里凯完成此项工程，从1667年1月开始，8年内全部完成，总计花费36000里弗。因此，150年前莱昂纳多·达·芬奇所构想的运河终于即将成为现实。皮埃尔·保罗·里凯在62岁时着手从事一项庞大的事业，这项事业会使大部分只有他一半年龄的男人气馁。

---

1 法令全文见附录A。

第三章

构建供水系统

最终，里凯获得了许可，他没有浪费时间。截止1667年1月，开工的工人已达2000人，并且很快得以增加，因为3月15日，里凯向科尔伯特报告时，这个数字已经翻了一番。在建设高峰期，超过12000人在里凯的指挥下工作，其中包括由于男劳力不足而招聘的600名妇女。男人们把废土挖出来，妇女们则把土装进篮子里顶在头上运走。里凯建立了一套行之有效的体系来管理庞大的劳工队伍，该体系包括12个部门，每个部门由工程师或"总检察长"负责监督，而每个部门的劳工分成50组，每组都有一名工头负责。此外，还长期使用由7名勘测员组成的团队。

黑山供水系统首先开工，主运河的图卢兹至璐鲁兹段随后开始。为了清晰起见，我们首先来讲述这一极为重要的供水系统的历史。

安德罗西将军在他的书中陈述，他的曾祖父首先提出了在黑山兰姆佩河谷修筑大坝，书中还再现了一份提议的兰姆佩水库平面图，尽管没有图例或签名，但他宣称这是安德罗西初始调查的结果。安德罗西很可能提出过此建议，而且他在担任皇家委员会勘测员期间进行过调查，因为我们记得皇家委员会委员曾提议建造这样一个大坝。但是从皇家委员会提出报告到建设开始之间的一段时间内，里凯（或者说是安德罗西？）有一个更好的主意，并且暂时还没有人听说过兰姆佩方案。

很显然，拟建的兰姆佩水库不足以满足运河的需要，特别是考虑到该水库的水将通过索尔河间接向运河供水，而这意味着作为索尔河沿岸磨坊主补偿水的损耗是不可估量的。因此，无疑需要修建一座能够直接补充主供水系统或称之为"平原沟渠"（rigole de la plaine）的水库。这个设想促使里凯提出了在黑山圣费雷奥尔（St Ferreol）的劳多特（Laudot）河谷口建造大土坝的计划。该河谷从东向西延伸，发源于此的溪流一路向西，直到横穿平原沟渠，然后向北汇入勒韦下方的索尔河。这意味着劳多特河将形成一个天然渠道，把水从拟建的水库输送到供水系统。

人们发现，在圣费雷奥尔，劳多特河经过一条天然花岗岩地垒从河谷流出，该地垒绵延不断，贯穿谷底，正是这种天意般的自然特征固定了坝线。里凯和安德罗西显然意识到，考虑到重力坝（即稳定性完全取决于其重量的坝）的安全性和持久性，其基础绝对不可透水，理想状态是整体锚固在基岩上。此前或之后发生的重力坝失败事件，大部分是由于蓄水通过大坝下方有缺陷的地层渗漏，从而破坏了大坝。

圣费雷奥尔大坝于1667年4月15日奠基，并在四年后完工。第一座大坝曾是为了供给一条通航运河而建造的，这是迄今为止在修建米迪运河期间最大的单体土木工程。它可以用现在时来指代，因为在其300年的寿命中，它从未大修过，却一直屹立至今，并仍旧发挥其初建功能。 这是一座令人印象深刻的纪念碑，来纪念皮埃尔·保罗·里凯和他的工程师们的天才和胆识。对于今天沿着圣费雷奥尔大坝宽阔坝顶行走的人来说，凝视着它所拦截的绿树环绕的浩瀚水面，仍然难以相信它是很久以前建造的。

天气晴朗时，在黑山山坡上可以看见比利牛斯山脉白雪皑皑的山峰，山峰如屏，矗立在南方地平线上。在比利牛斯山脉的另一边，此时，西班牙已建造了一些非常了不起的砖石坝，其中最引人注目的是完成于1594年的阿利坎特（Alicante）大坝，高度达到42米，一个近三个世纪都没有被超越的数字。尽管阿利坎特大坝取得了巨大成就，但它只是填塞了一个狭长的峡谷，因而它的坝顶只有240米长，而其底部则减至仅仅27米。就施工所用材料的绝对体积而言，它不能与圣费雷奥尔大坝相比，圣费雷奥尔的坝顶长780米，最大高度为劳特多河床以上32米，底部厚140米。所用材料的总体积为153000立方米，全部是手工放置，填土大部分是由妇女用篮子运到现场的，每次运载按1便士的价格支付。它由夹在两堵挡土墙和一堵中央心墙（core wall）①之间的大量压实的泥土和石头组成，所有的砌石都牢固地建在河谷的花岗岩地垒上。下游墙高18.3米，厚度从底部的9米逐渐变窄到顶部的5.2米。种植了茂密树木的填土从这里向上朝心墙倾斜，中心墙延伸至大坝的全高，填土厚5.2米，在其下游建有护墙。大坝不同寻常的特点是，14.6米厚的上游坝墙及其与心墙之间的倾斜填土在水库满水时被完全淹没，因此游客看到的是心墙顶部所形成的低矮女墙，女墙后面的填土被平整，以沿着坝顶形成一条宽阔的滨水大道。为防止渗水，上游侧的填土斜坡覆盖了一层厚度超过6英尺的黏土。此外，斜坡下部还铺设了1英尺厚的石板以防波浪侵蚀。

下面远处有一个石质拱顶隧道，被戏称为"地狱入口拱门（the Voûte d'entrée d'Enfer）"，隧道沿着劳多特河的原始河床穿过大坝的底部。在下游墙的底部可以看到

---

① 心墙（core wall），设在土坝中间或稍偏上游的防渗体。参见：河海大学《水利大辞典》编辑修订委员会.《水利大辞典》. 上海：上海辞书出版社，2015.10，P301。——译者注

图3-1 圣费雷奥尔大坝平面图及剖面图

图3-2 圣费雷奥尔水加及大坝（钟行明摄，2013年）

图3-3 圣费雷奥尔大坝脚下的喷泉

该隧道的洞口，在其上游末端，它与垂直砖石竖井或水井的底部相通，竖井或水井随着水面下降并且通体具有一系列垂直间隔的穿孔，因此，无论水位如何变化，水都可以通过隧道排出。此外，在该出口井的底部还有一个巨大的泄水道（sluice way），当泄水道打开时，可以使水库中沉积的淤泥通过隧道被水压冲走。许多早期的水库由于大坝缺乏足够的泥沙冲刷设施，已完全淤塞。竖井、水闸门和低水位出水口隧道的布置是早期西班牙大坝演化出的一个几近精确的模型。因此，里凯或安德罗西很可能在设计圣费雷奥尔大坝之前到访过西班牙，并研究了该国最先进的技术。位于坝顶下方27米处的地下阀室内的三个巨大黄铜旋塞调节经由"地狱入口拱门"的出水口，可以通过一条下降式通道进入阀室，通道入口位于下游墙正面的高处，冲沙闸位于该阀室下方3米处。

在大坝的北端有一个宽大的溢洪道，因为如其设计人员所意识到的那样，对于这种类型的土坝，显然很重要的一点是决不能让水漫过坝顶。在溢洪道（spillway）旁边有两个高水位水闸，只要水库保持适度满水，就可以用它们代替低水位出水口旋塞。圣费雷奥尔水库蓄满水后，库容量为700万立方米（1.8亿加仑水）。

在那个年代，圣费雷奥尔大坝是欧洲同类工程中最伟大的土木工程。它预示着人类在接下来的两个世纪进程中注定要赢得对环境的掌控，这是一场以野蛮的傲慢和麻木不仁为特征的征服，但我们在圣费雷奥尔大坝中却没有发现。因为在这里我们可以看到，文艺复兴时期的工程师不允许自己仅仅受狭隘的商业利益动机的支配，而是为了国家的更大荣耀，确保他的作品能增强其自然之美。尽管在17世纪，劳多特河谷位于乡村深

图3-4　阿尔佐进水口，山地沟渠的起点

处，远比现在更偏远、更难以接近。但里凯就像一位技术娴熟且敏感的景观设计师一样，在巨大水坝下的峡谷里种植树木，在湍急的溪流旁铺设人行道，并将溢流堰（spill weir）的水向下引入这郁郁葱葱之地，形成了一系列大大小小的瀑布。作为点睛之笔，他利用水位差在这座人造瀑布脚下建了一座喷泉[1]。一股60英尺高的强大水柱喷涌而出，然后像闪烁的白色窗帘一样落下，像一棵幽灵般的树一样在绿色中摇曳。这座喷泉象征着一种将实用与美观宏伟、工程与艺术结合起来的本能，它贯穿了米迪运河的整个设计和施工。在这个国家，特尔福德、伦尼和布鲁内尔的某些作品都表达了同样的壮丽意识和宏大场景意识，但在布鲁内尔之后，灵感就消失了，没有一个工程师能用文艺复兴时期的壮丽语言。

　　当这座大坝在圣费雷奥尔修建时，其他一伙人在山南坡劳作，开挖里凯山地沟渠（rigole de la montagne），它从拉蒙丹斯（Ramondans）森林附近的阿尔佐河开始，沿途汇集其他支流的水，最后在孔凯经过一个8米深的河堑（cutting）后[①]，穿过分水岭，沿

1　尽管这是壮观喷泉的精神所在，里凯计划建在瑙鲁兹盆地，但这座喷泉直到19世纪中叶都没有增设。
①　此处cutting的含义是因修建运河而从高地开凿出来的狭窄通道。——译者注

着北坡瀑布流入索尔河的源头。劳多特河对圣费雷奥尔水库的贡献如此之小，以至于到了夏季的后半段，它就变成空的，一旦变空，再次注满则需要2～3个月。因此，很快就决定，通过把山地沟渠进一步延长7.2公里来增加劳多特河的自然流量。1686～1687年，这项工程在伟大的军事工程师塞巴斯蒂安·沃班（Sébastien Vauban, 1633–1707）元帅的指导下进行[1]。沃班使延长的供水系统穿过山脊，山脊上矗立着莱斯卡马泽（Les Cammazes）村，旁边是一条长120米、直径为2.75米的隧道，一条狭长的通道紧接隧道之后。卡马泽隧道有令人印象深刻的纪念碑式石质入口，东侧有一块刻有距离的石碑。有一条有栏杆的走道穿过，用于检查和维护。供水系统从隧道外的狭窄通道冒出来的地方几乎位于劳多特河源头的正上方，它沿着河谷下降，通过一系列瀑布，经过精心分级，逐级下降汇入这条河流，以免造成冲刷。水随后沿着河流的天然河床一直流到水库。然而，在库首区，劳多特河流入一个小室，室内有两个相互垂直的泄水闸，一个泄入水库，另一个泄水闸则流入被称为"带状沟渠"（the rigole de ceinture）的第二条人工

1　看来，里凯最初提议延长山区供水系统以在图马兹汇入平原沟渠，但当决定修建圣费雷奥尔水库时，放弃了这一计划。

图3-5 蓬特克鲁泽进水口，
平原沟渠的起点

图3-6 位于黑山阿尔佐进水
口的水闸看守房

渠道，该渠道沿着水库南岸边缘然后跌落大坝下的劳多特河。这样做的目的是，如果为了冲刷而必须清库水空，则可以将水库的供水改道。当然，如果异常降雨导致洪水泛滥，它也可以用来缓解大坝的溢洪道。

供给水和从圣费雷奥尔大坝排出的水一起从大坝下面开始沿着劳多特河的天然河道流淌5公里后到达高磨坊（High Mill）。在那里，再次转入另一条人工河道，再过1英里，在图马兹与平原沟渠汇合，恰好位于从卡斯泰尔诺达里到勒韦的路边（Route Départementale No. 624，省级公路）。两条供水线交汇处的正下方是一个装有防洪桨的石室，可以将多余的水排入劳多特河，劳多特河在此转向北流入索尔河，而主供水线则在此处沿等高线向西南方向朝着瑙鲁兹迂回前行。瑙鲁兹运河峰顶塘（summit pound）之上的高度传达了该供水系统的比降信息。它们是：

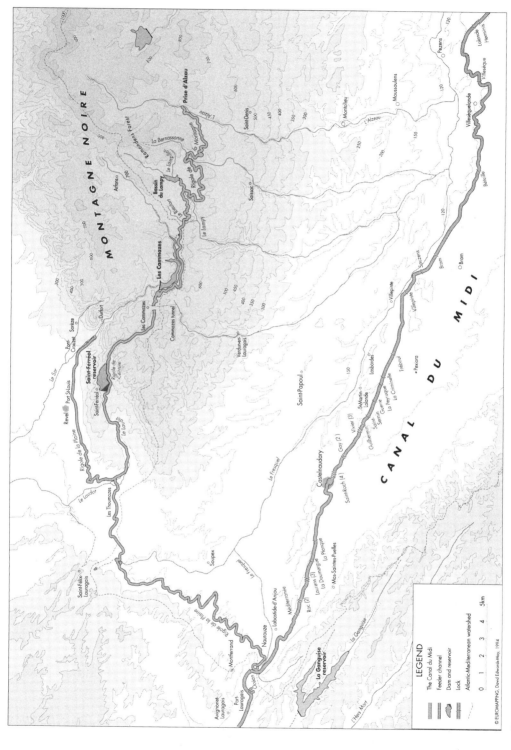

图3-7 黑山供水系统总图（作者原图）

LEGEND

The Canal du Midi
Feeder channel
Dam and reservoir
Lock
Atlantic-Mediterranean watershed

0 1 2 3 4 5km

© EUROMAPPING, David Edwards-May, 1994

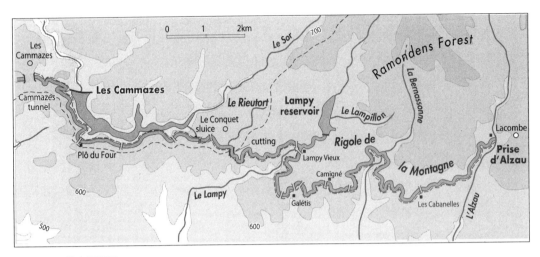

图3-8 山地沟渠详图

山地沟渠，从阿尔佐进入卡马泽隧道。从孔凯闸到卡马泽的部分由沃班添加。

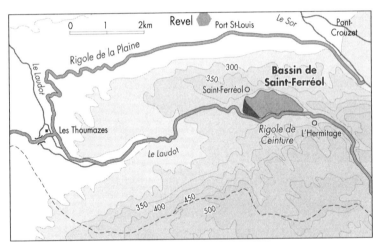

图3-9 圣费雷奥尔水库和劳多特河谷详图

供水系统的心脏，圣费雷奥尔水库。当水库必须排空时，"带状沟渠"或环形供水系统维持从阿尔佐取水口的供水，向北是索尔河和平原沟渠取水口，两个供水系统在图马兹交汇。

阿尔佐取水口	460米
圣费雷奥尔大坝底部	95米
图马兹供水系统交汇点	27米

沃班扩建山地沟渠时在孔凯设置了一个排水闸，因此仍可以通过里凯修建的原始渠道将一定比例的水排放到索尔河。

在近百年的时间内，这一供水系统和它们之间的圣费雷奥尔水库共同构成了图卢兹至卡尔卡松附近的弗莱斯克取水口之间运河的唯一供水。据估计，在1818年，仅供水系

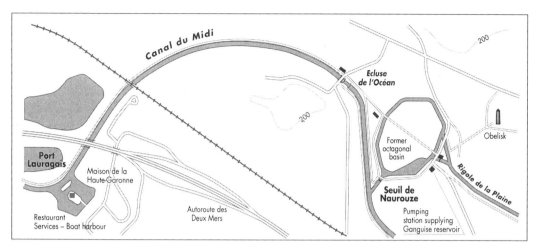

图3-10 瑙鲁兹和峰顶面详图
展示了以前的八角形内港、海洋船闸、现代港口以及作为洛拉盖港高速公路服务区一部分的里凯游客中心，右侧是瑙鲁兹石和里凯方尖碑。

统每24小时产生的平均流量就达19325立方米（4251500加仑）[1]，圣费雷奥尔水库的总流量达到了360925立方米（79403500加仑）。尽管如此，里凯在黑山河谷建造多座蓄水水库的初始计划毕竟并不是特别离谱。因为根据德·波默斯的说法，尽管圣费雷奥尔的规模很大，但在18世纪大部分时间内，由于水量不足，运河在夏季干旱期间不得不关闭，平均每年关闭8周，利用每年的关闭期进行一些必要的维护工作。

运河最终所采用的路线绕过纳巴达城的事实引起了强烈不满，这正如我们即将看到的一样。那座城市敦促修建一条短的连接运河，从米迪运河主线而下以连接奥德河和罗比纳运河。实际上，直到1776年才提供这种连接，完全是因为担心它会加剧夏季的水荒。因为，尽管在该地区，山顶供水是由弗莱斯克河、奥贝尔河（Orbiel）和赛斯河（Cesse）的取水口补充的，但人们担心拟建的支流会从主线中抽走太多的水。正是纳巴达支流的最终修建，加上交通量的增加，导致了一项决定，即按照皇家委员会100年前的最初建议，在兰姆佩河谷筑坝。德·波默斯说，兰姆佩大坝拦截的额外储备不仅满足了纳巴达支流的需要，而且还将每年夏季停工的时间从8周缩短至2周。鉴于兰姆佩水库的容量仅为圣费雷奥尔的三分之一的事实，这一说法有些令人惊讶。

兰姆佩大坝建于1777~1781年间，至今仍在使用。它是由当时的运河总工程师加里普伊设计，并在他的指导下建造的。它与圣费雷奥尔大坝不同，是一座砌石支墩大坝，

---

1 运河总工程师克洛扎德致胡尔内·德·波默斯所引用的数字（见参考文献）。

是欧洲所建的第二座此类大坝。第一座此类大坝——阿尔门德拉莱赫（Almendralejo）大坝位于西班牙北部、巴达霍斯（Badajoz）以北52公里处，它于30年前建成。这表明，加里普伊像他之前的里凯一样，可能已经注意到了西班牙的做法。但如果他真的把他的设计建立在阿尔门德拉莱赫大坝基础上的话，那么他并不是完全成功的，因为尽管两座大坝依然屹立，但两个中令人不太满意的是兰姆佩大坝。

大坝由就地取材的花岗岩块筑成，它的断面逐渐变窄，上游一侧有一个台阶，坝顶厚5.2米，底部加宽至11.3米，大坝高16.2米，坝顶长106米。大坝建在14米厚、2米高的石砌基座之上，基座锚定在基岩上。该基座在坝墙下游面伸出，因此也可以作为支撑大坝的10个石砌扶壁的基础。这些扶壁从底部到顶部逐渐变窄，但并不宽大，甚至在外行看来，它们似乎不足以支撑坝墙。有三个不同水位的出口，每个出口由一个闸门控制，还有一个溢洪道。

根据安德罗西将军的说法，当兰姆佩水库首次蓄满时，水会开始通过大坝砌石的接缝渗漏。为了抵消渗漏，大量的熟石灰被扔进水中，希望石灰能进入接缝并密封起来。显然，这种权宜之计是成功的，但并非永久性的，因为今天坝墙渗漏相当严重。在随后的一段时间内，为了加固大坝，几十个洞从坝顶垂直穿透坝墙进入地基。每个洞中插入一根铁棒，灌浆到基础中，然后通过拧紧顶部的一个大螺母来上紧。史密斯·诺曼（Norman Smith）博士在最近的一次参观中发现，从坝墙顶突出的几十个螺母比表面渗漏"更令人震惊"[1]。兰姆佩水库的最大库容量为230万立方米（5亿600万加仑），或者低于圣费雷奥尔库容量的三分之一。

多年来，人们提出了各种各样的建议以提高黑山的蓄水能力。计划在阿尔丰（Arfons）的阿尔佐河谷修建一座高25米的大坝，这座大坝所形成的水库库容量将超过圣费雷奥尔水库。另一项计划是在索尔河河谷筑坝蓄水形成库容量为900万立方米的水库，又一项计划是将瑙鲁兹内港的面积扩大一倍。所有这些计划都没有实现，因此直到1956年在莱斯卡马泽村附近新建了一座水库，蓄水量才有所增加。虽然主要用于饮用水供应和灌溉，但它与运河供水系统相连，航道管理局可选择每年从中抽取高达400万立方米（8.8亿加仑）的水。

从位于蓬特克鲁泽（Pontcrouzet）的索尔河进水口到瑙鲁兹的较大的平原沟渠，几乎和我们的一些窄运河一样宽，顶面宽6米，平均深度为1.8米，底部宽3.7米。但并不总是这样，1665年，供水系统开始工作后不久，里凯将最初60厘米的试验渠道扩至顶面宽3.7米，底部宽1.8米。然而，在1668年，他决定用供水系统来运输修建运河所需

1　大坝历史，163页（见参考文献）。

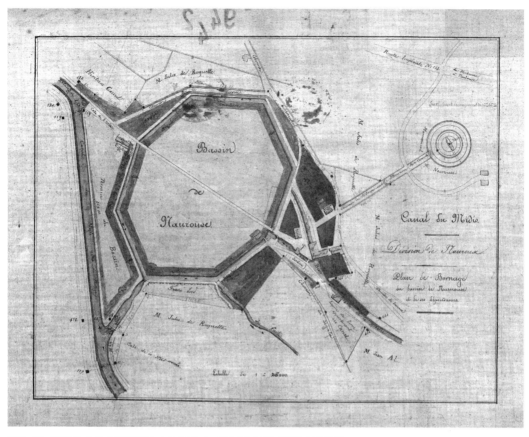

图3-11 瑙鲁兹八角内港平面图（1855年），法国图卢兹运河档案馆提供

的石头和其他材料。为此，在勒韦附近建造了一个38.5米见方，3.0～3.5米深的装货内港（loading basin），取名"圣路易斯港"。与此同时，在瑙鲁兹修建了一个巨大的八角形内港（octagonal basin），它深2.7米，长365米，宽275米。在这两个终点站之间，供水系统加宽至现在的尺寸，并建造了一支7.3米长、1.8米宽的小型船队。由于供水系统的比降太大而难以行船，故而在上面建造了14座船闸，最初只是作为一种临时的权宜之计，这些都是简单的工事，倾斜的草皮边，木材堆在悬挂闸门的两端。入口宽度在1.80～2.10米之间，闸门之间的长度为36.50米，足以一次通过五艘船。

　　起初，里凯曾经渴望获得额外的供水，他设计了纳入各种溪流的供水系统，这些溪流发源于洛拉盖并流向东南，横穿整个路线，一个显著的例子就是源头位于圣费里克斯（St Félix）村附近的溪流。然而，人们很快就发现，在洪水泛滥之时，这些溪流不仅使供水系统漫过河堤，而且会把大量的泥沙带入河床。因此，所有这些溪流都必须在供水系统之下的涵洞中输送，或者在其上面的一个小型渡槽中输送。但不幸的是，里凯和他

图3-12　瑙鲁兹八角内港（1998年），法国图卢兹运河档案馆提供

的工程师没有汲取这一教训，如我们稍后所见，主运河在更大的规模上经历了同样的麻烦，这必须由里凯的直接继任者以相当大的代价予以纠正。

里凯出于个人目的，使供水系统可以通航，下一步他提出这应该成为永久性的，甚至建议可以延伸至卡斯特尔，想必是为了安抚市民对最初计划失败的不满[1]。但是，尽管这一延伸从未实现，但他设想位于勒韦的圣路易斯港将成为该地区粮食运输的中心，货物将被转运到位于瑙鲁兹的更大的船上。为了配合这项计划，为瑙鲁兹设计了一个华而不实的方案。内港周围布置了一个新的城镇，房子仿照巴黎皇家广场的房子，并配有教堂、修道院和造船厂。有顶长廊将延伸至内港旁边的码头，这将成为这一早期城镇规划实例的亮点。在内港的中央会有一个巨大的喷泉，描绘路易十四，他脚踩地球仪，骑着一辆由海马拉着的战车。

1　在1664年10月他写给科尔伯特的信中，他曾建议"他的主运河可以吸引来自该省不同城镇的较小运河。因为没有不可逾越的自然障碍。阿尔比居民可以通过塔恩河连接，卡斯特尔地区可以通过阿古河连接起来等。"

图3-13　里凯拟在瑙鲁兹建造的喷泉素描图

里凯提议在瑙鲁兹内港中央竖立的纪念喷泉的呈现（让-皮埃尔·梅林的红色铅笔画）

供水系统的正常贸易从未成功过，且很快就终止了。1705年，一个名叫拉瓦尔（Laval）的人试图通过让满载的船只更容易交错而过来重建航行，但他的努力失败了，1725年放弃了航行。随后，米迪运河的所有者获得了航行权，并计划拓宽供水系统，修建新的、更大的船闸，但他们因担心这样的扩建可能危及水道向其主运河供水的主要功能而放弃了这个计划。最后，在18世纪末，图卢兹一位名叫梅耶（Meyer）的工程师提议修建一条从瑙鲁兹经阿古河和塔恩河到达加龙河的新运河。这不过是对1662年古老提议的旧事重提，但不管他是否意识到这一点，梅耶的计划都没有结果。

现在，三个砖石闸室遗迹是证明里凯的供水系统曾用于贸易的唯一幸存证据。其中第一个位于图马兹的山地沟渠交汇处的正下方，旁边显眼的船闸小屋现在被一个负责操作防洪桨的人占据了，洪水排入劳多特河。旧闸室旁边有一个现代化的流量计，还有一个日期为1871年6月1日的洪水标记来提醒人们，虽然洪水可能很罕见，但当洪水来临时，它们可能是巨大的。顺便说一句，大比例地图（1∶50000）在这一点上仍标着船闸（écluse）。

在瑙鲁兹可以看到第二个砖石闸室，供水系统从此处流入内港。供水系统的水现在驱动一个位于磨坊下方的水力涡轮，磨坊立于旧闸室旁边。现在的磨坊建筑上有一个1844年的日期标签，毫无疑问，它占据了一个更为古老的磨坊的位置，该磨坊的动力来自于船闸的旁通堰（by-pass weir）。旧闸室现在有固定的水闸，用来调节流经磨坊的水流。在对面，西侧，内港尽端，也可以看到第三个闸室的遗迹，旁边亦有一个明显的闸房，来自供水运河的小船通过它向西进入米迪运河。这些砖石船闸最初是由里凯在决定让供水系统永久通航时所建，还是由拉瓦尔在试图修复时建造，抑或是由运河所有者在深思熟虑之前所建，目前都不得而知。

至于瑙鲁兹的大内港，它的细碎石覆盖层崩塌并逐渐破败。然而，即使在它破败期间，它作为由供水系统带来的泥沙的沉沙池，在许多年中仍发挥了积极作用，否则会把泥沙带入运河峰顶。结果，它被完全填满且被覆盖。但它的规模被供水渠道所保存，现在供水渠道像护城河一样完全包围了这个区域，让不知道瑙鲁兹故事的陌生人感到迷惑。

水磨和旧入口闸旁边的房子，是这个曾经规划了一座繁荣新城的地方仅有的建筑物。然而，高大的树木、茂盛的草地和供水系统的潺潺流水，使这里成为烈日炎炎下干旱瑙鲁兹山口的一处凉爽绿洲。此外，路易十四的记忆并不像最初计划的那样在这里永存，而是皮埃尔·保罗·里凯的记忆会在此永驻。1825年，他的后代里凯·卡拉曼购买了著名的瑙鲁兹石，并在那一堆巨石顶上竖立了一座细长的方尖碑，底座上有一枚肖像章来纪念他们的著名祖先。

图3-14　瑙鲁兹的里凯方尖碑（明信片），法国图卢兹运河档案馆提供

　　1837年，卡拉曼公爵（Duc de Caraman）将军在里凯所建的山地供水系统的高处起点——普瑞斯阿尔佐（Prise d'Alzau）上建造了一块巨大的花岗石雕刻，此处就像圣费雷奥尔大坝下的劳多特河谷一样，是风景如画的绿树和步行道。正如里凯正确预见到的那样，这两处纪念物的位置恰到好处，因为两海之间伟大运河的成功，完全取决于这个由65公里长的供水渠道和非凡的圣费雷奥尔大坝组成的精密供水系统的可靠性和充分性。

　　尽管德·波默斯发表了悲观的声明，但自兰姆佩水库竣工以来，似乎没有因缺水而关闭运河的记录，在人们的记忆中，当然也没有这种关闭的记录，尽管在1948年异常干旱的夏天，运河离关闭非常近。那一年，所有的船夫都被命令减少载重吃水线，在船闸处"等待转弯"[1]，而船闸管理员则被指示用煤渣堵住闸门的所有渗漏。但是，由于位于卡马泽的新水库提供了额外的储备，据估计在滴雨未下的情况下，也有足够的水可供给运河四个月。综上所述，里凯的供水系统是一个活生生的例子，但后来的英国运河工程

1　"等待转弯"是一种工作制度，在这里当驳船上坡行进到接近一个满闸时，不允许继续前进，而是必须等待至反方向行进的船过完闸以后，反之亦然。

图3-15　皮埃尔·保罗·里凯，基于图卢兹一家博物馆里的画像

师完全没有从中获益。随着它后来的增加，对于那些未经思考便认为自己的运河应该扩大到米迪运河的规模或更大规模而不考虑所涉及的供水问题的人来说，今天它仍然是一个借鉴。

第四章

修建运河（1667～1681年）

规划的图卢兹至瑙鲁兹之间的运河路线沿着小河赫兹河河谷的南坡分布。里凯和他的工程师遭到了相关土地所有者的强烈反对，他们认为新的水路应该被限制在谷底，此处土地价值较低。这仅仅是使赫兹河通航的旧想法的复兴，而里凯绝没有这样的想法。他认为有问题的土地对他来说是无用的，因为它易遭受严重的洪涝灾害且总是沼泽遍布，不能为纤道提供坚实的地基[1]。由于站在他这边的国王和科尔伯特的权力，在这场与众人的争论中，他赢得了胜利。

必须记住，此时的里凯在朗格多克已处于一个具有独特权力的位置上。他不仅负责修建运河，而且由于他被皇室任命为税务专员，有权可以从朋友或反对者那里获得支付运河的费用。里凯在进行伟大的事业时遇到这么多的羡慕、嫉妒和敌意就不足为奇了。里凯把巨额私人财富全部投入这项事业，这一事实丝毫不影响那些尽管反对里凯，但被他的税收团队强迫贡献于该项事业的人。

这一最初争议可能与这一事实相关，即在圣费雷奥尔大坝开工七个月以后，运河工程才开工。工程始于1667年11月17日在图卢兹举办的一场庆典，其中两块奠基石被放在从加龙河进入的入口闸翼墙里。为这一场合打造了铜牌和匾额，其底座饰有花纹并刻有拉丁铭文。整整一年后，第一座船闸建成并以更加隆重的仪式正式开放，呈现出热闹非凡的场景，包括穿过城市街道的游行。许多从事圣费雷奥尔大坝工作的工人都到图卢兹参加这一盛会，而运河"三剑客"——里凯、安德罗西和坎普马斯并排站在闸墙上以图卢兹大主教——安格卢·德布莱蒙特的身份为工程祈祷，与此同时，皮埃尔·坎普马斯拉起了第一座水闸，允许水流入新闸室。

首次采用的船闸设计具有常规的矩形闸室，据说是基于塔恩航线上的船闸。位于图卢兹的原型相当深，位于它上面的、称作河口港（Port de l'Embouchure）的八角转运内港

1　从那时起，把赫兹河的水从旧河床上分流到一条直的排水渠中，从而把河谷排空。

应该在河的最高洪水线以上，这是至关重要的。在港口的另一端，是米迪运河流出的入口闸，河口上横跨一座砖桥。图卢兹地区以砖闻名，它们具有引人入胜的质感和色彩，直到钢筋混凝土时代，图卢兹依然主要是一个"玫瑰红城市"。对于这座桥和附近的其他运河桥梁，里凯选用了这种当地砖建造，但随着运河向瑙鲁兹上升，石头取代了砖。因为当里凯在瑙鲁兹开挖内港时，他兴高采烈地告知科尔伯特发现了优质的岩石床。因此内港变成了采石场，所采之石广泛用于运河桥梁、船闸房和其他运河沿线构筑物。

据德·拉兰德介绍，运河开凿伊始，河渠深1.8米，底宽9.1米，水面宽17米，但事实证明，这些尺寸限制过多，坡度太陡而易滑。因此依据当地条件，底部宽增至12.8～14.6米，水面宽增至22～27.5米。德·拉兰德继续说道，在他那个时期（1778年），底部宽9.75米，水面宽18.3米，深度相同。这可与以下今天的官方数字比较：

宽：底部10米

　　　水面16米

允许吃水深度：1.6米

然而，对任何通过运河旅行的人来说显而易见的是，这些都是平均数值，实事上，河渠顶部和底部的宽度变化非常大。例如，在图卢兹附近显然更窄，这大概是因为这是要开挖的第一段。开凿经过诸如沙或碎石的透水地面时，用胶土密封运河河床，詹姆斯·布林德林后来沉迷于此，以至于后来英国人都相信这是他的发明。

在峰顶的东边，采取了特别的预防措施来保护运河河堤和与其接壤的土地免受洪水的破坏和淹没。在水位正下方形成狭窄的台阶或护堤，其表面种植芦苇以削弱冲刷。在河堤植树作为一种进一步的预防措施，当过往船只的冲荡使树根显露时，可以看到这些网状树根是如何有效地把持河堤并制止侵蚀的。凡是运河水位高于周围乡村地区的地方，用从河床挖出的材料在一侧或者在两侧修筑连续的防洪堤，这围合了运河及其纤道。作为一种额外的保障措施，在该河堤的另一边开挖了一条称作"反向运河"（contre canal）的深沟，以把任何高于河堤的洪水引入最近河流的河床。运河下方的任何地方开挖河流，都会在下游建造大规模的砖石溢流堰将洪水排入其河床。如果下游也是纤道侧，后者将建于堰槛上方的拱顶上。此外，泄洪闸经常建于这样的交叉点上。

在这样一项前所未有的工程中，困难和挫折是不可避免的。里凯和他的工程师们所推崇的方式似乎是泰然处之、毅然解决。当一些设计错误变得明显时，他们没有胡乱修补，而是无情地废弃然后重新开始。这也许是个昂贵的策略，但对那些为了这项工程的荣誉而工作的人来说简直是最好的，因为他们希望这项工程永存不朽。发生的第一个重大事故是一个新建成的深船闸侧墙的倒塌，由于周围地面的压力，特别是如果船闸是深闸，这种闸室壁的内倾是后来许多运河工程师所要经历的困难。失败的那个船闸似乎并没有记载，也许是自加龙河而来的最初入口闸。我们也不知道倒塌发生时已完成或在建的船闸有多少，但据推测，从加龙河到迪佩里埃（Dupérier）的运河已开凿完成，因为在1670年初，里凯曾预先通知科尔伯特，他决定推迟从迪佩里埃到瑙鲁兹之间运河的竣工以维修船闸，事实上，他选定了一个全新的设计。

新闸室平面呈椭圆形，中点处宽11米，闸门处收缩至6米，闸门之间长30.50米。里凯告诉科尔伯特他已经确定了闸室的设计以容纳两艘卡蓬特（Caponts）或卡蓬斯（capons）（船舶类型），然后在罗讷河（Rhône）从事贸易[1]，这种船最宽4.85米。如果是这样，要么是非常偶然的，要么是诡计多端的里凯决定一石二鸟。因为他设计的船闸侧墙现在采用水平拱形式的事实意味着它们能更好地抵抗地面压力。设计的唯一缺点是，直边驳船过闸时相较于具有平行侧墙的船闸会消耗更多的水，但里凯设想他的运河是用于海船航行的。

里凯当然要确保这样的灾难性船闸坍塌事故永远不会再发生，他大幅减少闸室深度，因此平均落差为2.45米，很少超过2.90米。在经勘测需要更大落差的地方，他用中间闸门把它分为多于一个闸室，因而形成二级船闸或者如科斯尼尔在布里亚尔运河上已建造的多级船闸一样。侧墙建造时有轻微的倾斜，厚1.80米。产自阿格德的黑色火山石已用于建造阿格德堡垒般的教堂建筑，由于其良好的耐久性而被优先考虑，但是由于运输困难而无法使用，而是使用从珀藏（Pezens）和布雷奇梅斯（Brezimes）采石场挑选的石头建造船闸。砌石放于砂浆中，砂浆是通过混合石灰与产自罗马附近的奇维塔韦基亚（Civitavecchia）的火山灰（Pozzolana）[2]而制成。

奇怪的是，布里亚尔运河上的科斯尼尔地面闸（Ground sluices）的例子并未被效仿，人们只能假设，这可能是由于成本增加和建造必要的地下涵洞的困难。除了六个例外，船闸旁最初没有任何溢流堰，这意味着闸池里多余的水会倾泻进上闸门。这些例外是位于峰顶面西侧的米尼姆（Minimes）、马塔比尤（Matabiau）、巴亚德（Bayard）和卡斯塔内（Castanet）以及位于东侧的圣罗奇（St Roch）和特雷布的船闸以及梯级船闸，在这些地方安装旁通堰来驱动磨坊。

闸门是具有平衡梁的正常斜角人字形橡木，每个闸门都包含一个大尺寸的水闸，用

---

1 据吉恩·吉鲁说，它们也被用在纳巴达的罗比纳运河。

2 火山灰（Pozzolana），是火山土，当加入石灰时赋予它水力特性。它的名字源于最早利用它的波佐利（Pozzuoli）。

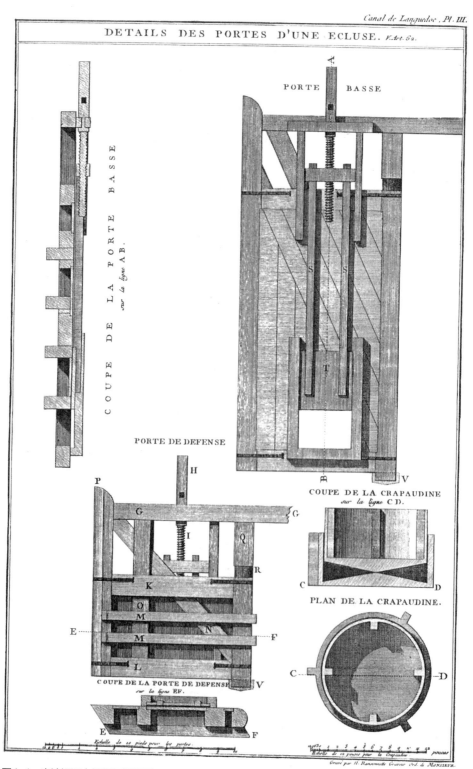

图4-1　米迪运河木闸门早期类型

一个垂直螺丝钉提拉，螺丝钉固定在其上端的穿孔凸台上，该凸台可插入绞盘杆。与地面浆相比，这种的布置的缺点是，除非上门水闸被明智地提升，否则正在上升的船头会被水淹没，事实意味着关闭闸门进程比其他方式更慢。同时据德·波默斯所言，由于通过水闸孔泄水的侵蚀作用，木闸门的平均寿命比布里亚尔运河上的短五年。

1669年期间，有三件事加在一起让里凯心烦意乱。像大多数从事此类史无前例的冒险的人一样，他似乎已经发现人类的困难远比物质困难更加难以对付。当有人质疑他在组织工程中的判断或似乎要削弱他的权力时，他变得越来越敏感，也许这是情有可原的。当德·拉弗耶（de la Feuille）被派来检查工作，看看是否有什么地方可以减少开支时，他非常不安。也许，这个举动是里凯决定重新规划船闸的结果。无论如何，在这么多的国家财产岌岌可危的情况下，这并不是不合理的。然而，在他写给科尔伯特的一封特别的信中，里奎特似乎相信，德·拉弗耶是一个被派来监视他的敌人。不过，他最终似乎确信事实并非如此，两个人友好地道别。

接下来，里凯作为税务高级专员，发现自己手上几乎相当于一场内战，因为朗格多克一些地方反对他的收税员的苛捐杂税，而这正是他的运河工程所依赖的。显然，鲁西荣和梅克莱特（Miquelets）地区的人们是最顽固的。为了镇压这场反抗，里凯采取了无情的行动，并取得了明显的成功，他向科尔伯特解释道：

在鲁西荣，谋杀如面包和葡萄酒般司空见惯，邻里相戮，兄弟相残。人力已无法阻止这种相互惨杀，因此可以推断，收税员会面临同样的命运。在这个地区，收税员总是处于警惕状态，他们杀戮如同被杀戮，这是他们继续工作的唯一途径。

科尔伯特显然对此种不动声色的陈述感到震惊，并对他收到的有关里凯镇压骚乱的行径的其他消息感到震惊，里凯回应了对他的严重抗议：

尊敬的阁下，我必须说伤害并不像您所描述的那么大，我有充分的理由相信，这样做的人意欲伤害我，他们企图通过排挤为我尽心尽力工作的员工，用不为我好好工作的人替代这些好员工，用我的经费使他们发大财，并与梅克莱特地区共谋。

这些交流瞬间揭露了17世纪朗格多克的真相，令人惊奇的是，在这样一个充满谋杀、暴力和压迫的背景下，一个重大的土木工程项目竟然能够进行下去。毫无疑问，科尔伯特也很惊奇。欧西坦人（Occitans）曾经热血沸腾，非常独立，与法国其他地区互不信任。里凯理解他们，而科尔伯特却不理解。

接下来的事是，弗朗索瓦·安德罗西在里凯不知情的情况下，出版了献给国王的三卷运河地图。现在据其曾孙所说，安德罗西此时已是运河总监（Director General）。尽管这可能是抑或不是事实，但我们都知道他曾全面负责详细调查工作。尽管他的行为可能不得体，但似乎是合乎情理的。但是对里凯来说这就是背叛，他曾被他最信任的同事所伤害。他曾写信给科尔伯特：

尊敬的阁下，我非常吃惊的是，我看到的一张运河地图竟然是我的员工安德罗西先生的设计。我对此毫不知情，只是后来才听说，这更让我不快。更何况这张地图非常不准确，并且他发表的想法是我打算秘而不宣的，没有得到您的建议和允许是不会付诸实施的，正如我已写给您的信一样。我的意思是，这张地图违背我的意愿披露了瑙鲁兹内港纪念柱（basin column）和许多其他事情，它呈现的方式彻底激怒了我，这使我在将来对所谓的安德罗西先生更为谨慎并讳莫如深，我很可能不会再用他了。

知道在这个节骨眼上里凯和安德罗西之间发生了什么将是非常有趣的。众所周知的是，里凯从未解雇安德罗西。也许，当里凯怒火消退后，他意识到安德罗西对他来说是不可或缺的。因为我们很快发现，后者进行的详细勘测决定了运河的第二段——从特雷布到托湖的运河路线。这对他来说一定是个有益的经历，因为他所绘地图上已展示了里凯最初向委员会建议的低水位路线，现在里凯让他勘测一条完全不同的路线。

尽管有这样的意外和里凯无尽的、令人担忧的财政困难，工程仍然向前推进。到1672年初，从图卢兹到瑙鲁兹的运河建成。来自主供水系统的水向西释放，在六天内注满了远至河口港的运河，可以使三艘船抵达峰顶，图卢兹大主教乘坐第一艘船。1668年5月，第一艘小船已从圣路易斯港沿着供水系统抵达，现在通过图卢兹进行贸易成了可能。第一艘船载着大主教直接返回了图卢兹，剩下另外两艘船去装载食物和成桶成桶的葡萄酒。此后，船只在瑙鲁兹和图卢兹之间每周定期往返三次。米迪运河上的贸易开始兴起，热情洋溢的里凯自然高兴。此外，到特雷布的第一段的剩余工程进展迅速。

1673年，朗格多克的国王专员德·贝宗斯（de Bezons）和圣帕普尔主教检查并汇报了瑙鲁兹与特雷布之间的工程状况，他们发现运河正在有条不紊地完成。从峰顶面到卡斯泰尔诺达里之间的船闸仍有待完成，但只有卡尔卡松附近9.5公里的运河仍有待开挖，这一遗漏有特殊原因。弗莱斯克河在卡尔卡松下游4公里处的圣皮埃尔（St Pierre）流入奥德河，一道高地把两条趋向汇合的河流的河谷隔开，因为运河沿着弗莱斯克河谷

图4-2 红桥，是卡尔卡松北部弗莱斯克河谷中为数不多的运河原线遗迹之一

的南缘进入横跨奥德河河谷的城市，这将涉及繁重的土方工程。卡尔卡松的居民渴望拥有运河，但当得知需要花费他们10万里弗尔（livres）时，他们的热情大大降低。1673年视察时，这个问题仍然存在争议。不久之后，卡尔卡松就拒绝了额外的花费，因而里凯决定走更容易的路线，沿着弗莱斯克河谷，并最终在老红桥（Pont Rouge）上游50米处、距弗莱斯克河与奥德河交汇处0.5英里的地方横穿弗莱斯克河，这是一个后来让卡尔卡松居民追悔莫及的决定。

仅仅因为结构的原因，里凯决定采用二级船闸和梯级船闸，这样的安排并没有实现节水。例如，如果利用一个四闸室的梯级船闸来克服11米的水位差，它的耗水量与一个深的单闸室是相同的，减少耗水量的唯一办法是利用侧池（side-ponds）。这些侧池由位于闸室旁侧中间位置的小型水库构成，满水闸室一半的水量可以通过地面闸泻入侧池并存储于此，以用于再次注满闸室。这一装置的发明者似乎是杜比师傅（Maître Dubie），1643～1646年间，他在博辛赫（Boesinghe）装备船闸，博辛赫位于伊瑟旁支运河（Yser Lateral Canal）的伊珀尔（Ypres）之下。这里有6米落差，有两个侧池。但是如果科斯尼尔或里凯已听说过这个安排，那么他们就不会采用它。因此，无论他们在哪里建造大规模的梯级船闸，他们都不得不确保它的使用不会从上面的闸塘中汲取太多的水。

图卢兹与特雷布之间运河上的最大单体工程是位于卡斯泰尔诺达里的圣罗奇四级梯级船闸。因为这利用了一个只有4公里长、终结于拉普兰克（Laplanque）单级船闸的闸塘，里凯意识到，必须增加这个闸塘额外的水量以供给圣罗奇梯级船闸。因此，修建了

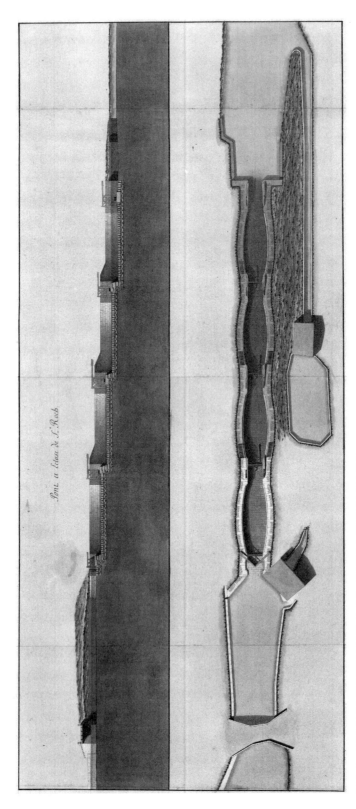

Pont, et Ecluse de S.Roch

图4-3　圣罗奇四级梯级船闸剖面及平面图，法国图卢兹运河档案馆提供

位于卡斯泰尔诺达里的宏伟"大内港"（Grand Basin），它是一大片水域，足以容纳几艘大西洋邮轮，这对一个相对无水区域的城镇来说是一笔永久的财富。

临近特雷布，奥德河的另一支流——奥贝尔河像弗莱斯克河一样横穿线路，水平相交。这是通过在运河下游建造一个石砌堰，将河道水位提升至运河水位的方法完成的。因为在这两种情形下，纤道都位于这一侧，穿过位于石桥上的堰顶，这座石桥横跨弗莱斯克河，为18跨桥。在正常流量情况下，这样的安排是完全令人满意的，特别是因为它使运河能够补充供水。然而，不幸的是，两条河流都发源于黑山，并遭受突发性的巨大洪灾。尽管堰是最大长度，并配备了从纤道桥上操作的额外防洪闸，但实践证明它们仍然无法应对如此巨大的洪水量，必须暂停航行。此外，当洪水消退时，人们通常会发现，洪水已将大量泥沙带入运河河床，因此在恢复交通之前，必须进行疏浚。在某些情况下，在此类河流交叉口处设置了一对防洪闸门，在发生异常洪水时，可以关闭闸门以保护运河，但不知道这两个地方是否曾设置过防洪闸门。

在特雷布修建了一座三级梯级船闸，将运河降至奥德河水位，奥德河在这里就从它旁边流过。距该闸尾部仅500米处，事实上已与河流建立了连接，尽管它仅用于取水口，但利用该点以下河流进行航行的任何想法早在施工之前就已放弃了。这里设置了水闸，以便在洪水泛滥时将河流与运河隔开，建造这些水闸的砖石结构可能仍能看到。但唯一要通过的是原木，这些原木曾一度沿河漂流而下，穿过水闸，装上运河上的驳船。迄今为止，里凯通过修完运河完成第一个任务的确切日期还不得而知。无论如何，这个问题纯粹是学术性的，因为与图卢兹——瑙鲁兹段运河不同，就商业交通而言，它完全取决于从特雷布到托湖的运河下半段的完工，而上半段完工时，下半段运河已经在建。

1668年5月14日，里凯及其继承人正式获得了图卢兹——特雷布段运河的所有权，包括收取通行费的权利[1]。同年8月20日，他获得授权，在八年内总共花费5832000里弗，建造运河的第二段，即从特雷布到托湖，包括修建新的塞特港。和以前一样，调查和估算由克莱维尔骑士核实。

目前还不清楚，这些是不是经过纳巴达附近与奥德河交叉口的原初路线。这当然是安德罗西地图上显示的路线，但如果真是这样，里凯很快就改变了主意。

自从首次提出在两海之间修建运河的想法以来，供水问题一直是迄今为止最大的障碍。因此，在门外汉看来，在科尔伯特看来，在围着里凯跑来跑去的、教堂和国家的各种视察员和代表们看来，当交通开始在图卢兹和峰顶之间移动时，能从他的补给系统得

1　1677年1月16日，对第二段授予了类似的权利。

到充足的供水，这场战斗就已经取得了三个部分的胜利。他们对里凯似乎没完没了地要钱来完成运河东段大失所望，里凯的自身状况无意中加剧了他们的这种情绪。他日渐衰老，由于没完没了的工作和忧虑而饱受病痛折磨，这于事无补。每过一个月，他对运河就越痴迷，对那些试图批评他的政策或限制他开支的人的态度就越固执、越不宽容。只有他自己知道如何完成这条运河，就算天崩地裂，他都会按照自己的计划完成这件事，不求回报，而是为了自身的荣耀。安德罗西事件和他的地图表明了里凯的思想状态，他依次在1670年和1671年写给科尔伯特的信的摘录内容更能说明问题。

由于我是这条正在朗格多克建造的运河的发明者，并且也是研究这条运河最多的人。我开始意识到，我也是最了解这条运河的人。我的事业是我最亲爱的儿女；我看见荣耀和你的满足，却看不见利益。我想把荣誉留给我的孩子们，我不会假装给他们留下一大笔钱。

我认为我的工作是我的孩子们最珍爱的，这是真的，即使还有两个女儿没有安顿下来，我还是宁愿让她们在家里待上一段时间，把注定是她们嫁妆的东西用在我的工作上。

里凯的家人，特别是他的两个女儿对他的痴迷的看法，没有记录在册。幸运的是，两人最终都有很好的归宿。

里凯的信里透着一种纯朴而迷人的诚实，所以尽管他有明显的缺点，但他仍闪耀着一种可爱而富有同情心的性格。对科尔伯特来说，他肩负着整个国家之忧，这些信一定看起来是一个过分迷恋自己重要性的、冗长乏味而琐碎的倾诉。对在圣日耳曼的科尔伯特来说，朗格多克是一个遥远而古怪的省份，而里凯则是一个典型的、稀奇古怪的当地人，通过他的资助，里凯的思想已超越了他自身的地位。但科尔伯特并没有选择和里凯闹翻，就像里凯没有选择解雇安德罗西一样，原因也是一样的，他太有价值了。毕竟，这个自命不凡的欧西坦人似乎有望完成欧洲历史上最伟大的工程。

为了理解里凯在选择运河东段路线时所遭受的反对意见的痛苦，我们有必要理解这一切，也有必要了解一下当地的地形。人们会记得，纳巴达是最初的目标，当皇家委员会表示赞成在塞特建立一个新港口时，里凯提议从奥德河上靠近它与罗比纳河交汇处的地方向塞特延伸一条低水位运河，这一计划将会使纳巴达一直牵涉其中。但里凯现在有了新的想法，他主张沿着高地等高线选择一条替代路线，使运河远远高于奥德河的洪泛区，高于此高地和地中海海岸线之间的沼泽地带。最后，运河将通过一条隧道，该隧道从蒙塔迪池塘（Etang de Montady）对面的昂瑟兰（Ensurune）山脊的南坡到北坡，运

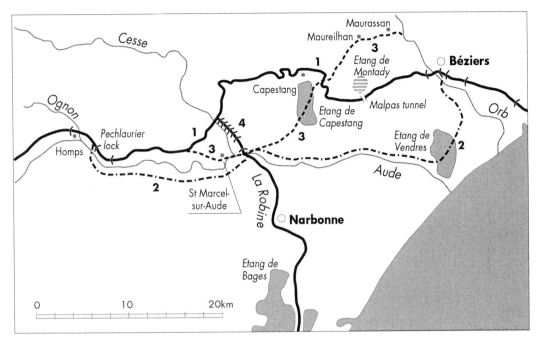

图4-4 奥格农交叉口以东运河备选路线图

1. 最终由里凯提出并修建的高水位路线；
2. 纳巴达最初提出并捍卫的低水位路线；
3. 吉拉德提出的备选路线；
4. 1776年修建的接连运河。

河然后到达奥尔布河西岸，就在里凯的家乡贝济耶的正上方。从奥尔布河东岸到阿格德和托湖，一切都很容易。唯一的麻烦是，这条路线完全避开了纳巴达，这引起了纳巴达市民的愤怒。毫无疑问，他们挑起了随之而来的、激烈的反里凯运动，这使得图卢兹和峰顶之间路线的争议看起来像是一个礼貌的茶话会。

里凯提议的高水位路线将更加昂贵和困难，这给了反对者所需的一切有力证据，如此困难以至于他们断然宣称这是不可能的。人们争论的是，当有一个更容易、更便宜、更方便的选择时，为什么要让里凯在这样一个疯狂的冒险中浪费他从朗格多克人民那里榨取的税款？1673年，安德罗西勘测了两条路线，并在9月作出了比较评估。这些数据表明，虽然新路线将比旧路线短近16公里，但假设运河将按照新的、更宽的规模修建，则需要多开挖12.5万立方米的区域。

里凯固执地坚持已见，毫无疑问他是对的，因为这条低水位路线不但涉及奥德河的两个交叉口，而且他急于避免的地中海沿岸今天也呈现出截然不同的面貌，因为那时有许多沼泽地在冬天变成了浅湖，还没有被开垦。例如，其中一个是卡佩斯唐池塘

（Etang de Capestang），位于以此命名的小镇南部的下方。17世纪末，军事工程师安东尼·尼凯特（Antoine Niquet，1639-1724）通过精心设计的排水渠系统将其排干。

在从特雷布向东第一个30公里的路线上，似乎没有严重的争议。它一直延伸到奥德河河谷的北侧，通过一系列船闸下降，穿过或邻近马尔塞莱特（Marseillette）、皮谢里克（Puicheric）、拉雷多尔特（Laredorte）和翁普（Homps）等村庄。真正的麻烦是从这条路线水平穿过奥格农（Ognon）小河的地方开始的，因为奥德河从与奥格农河的交汇处开始，它就转而向南通过一条峡谷，峡谷的一侧是蒙塔梅（Montame）山，另一侧莫雷尔·费拉特（Mourrel Ferrat）山和佩克劳里耶岩（Rock of Pechlaurier）。这条河流穿过这条缝隙之后，又恢复了向东流淌。佩克劳里耶岩极其陡峭地朝着河流垂下。然而，里凯坚持认为，使运河绕着陡峭的侧翼前行是可行的，因此可以保持运河位于河流北侧高地上，穿过村庄阿尔让（Argens）、鲁比阿（Roubia）、帕拉扎（Paraza）和旺特纳克（Ventenac）。当地耶稣会牧师、聪明的数学家穆尔盖神父（Father Mourgues）同意里凯的观点，也认为这是可行的，但他几乎孤立无援。大家应该记得，有影响力的克莱维尔骑士曾负责检查这两段的勘测和估算，他如大多数人一样，坚持认为尝试这样做是愚蠢的。他宣称，穿过峡谷唯一可行的路线是河流本身，并提议在此处穿过奥德河，这是最初低水位路线没有设想的一条线路。

然而，另一条低水位路线是由吉拉德（Gilade）提出的，他是里凯的助理工程师之一，值得注意的是，他是纳巴达人。他提议，通过以下路线使运河为纳巴达提供服务：在罗比纳汇合处（Robine Junction）上游的圣马塞尔（St Marcel）附近汇入奥德河，从该汇合处出发，使运河沿东北方向穿过卡佩斯唐池塘，几乎以直角穿过卡佩斯唐以东的里凯路线，然后经由村庄莫雷扬（Maureilhan）和马罗桑（Maraussan）汇入到距贝济耶上游5公里的奥尔布河。通过保持如此之远的向北而行，这条路线将避开普瓦耶（Poilhes）村和科隆比耶尔（Colombiers）村之间的昂瑟兰山脊。里凯建议沿着山脊的南翼，最终用隧道贯通。但吉拉德的路线非常迂回，构思也非常糟糕。事实上，里凯力量的一个来源是，他的对手们在最佳路线的选择上各执一词，而他却意图明确。在经过佩克劳里耶岩后，在阿尔让将再建一座船闸，从这座船闸的尾部开始，他将使运河保持在一个水平面上，直达贝济耶对面的奥尔布河右岸，距离为54公里，它仍然保持是法国最长的运河闸塘（Canal pound）。

里凯手中的另一张王牌是，他仍然得到国王和科尔伯特的大力支持。正是基于这种保证，这个固执、专注的人才得以继续他的"不可能"计划。他意识到，沿着岩石斜坡开挖运河，需要的不仅仅是镐和平锹。科尔伯特写道："我命令贝特洛（Berthelot）向

图4-5　雷普德雷渡槽

你提供你所需要的所有火药。"正是借助这一点，里凯的工人们炸开了一条穿过佩克劳里耶岩的路线。这肯定是民用工程史上火药的最早用途之一，如果不是第一次的话。

　　在帕拉扎村附近，这条运河通过一个9米跨度的单砌石拱渡槽越过奥德河的另一条小支流雷普德雷河（Répudre）。这是整个运河上唯一可归功于里凯的大型渡槽，其他的只是意大利模式的大型涵洞。对于他为什么选择在这条溪流上架桥的问题，没有令人信服的答案。19世纪，一块刻字的石头被固定在这条渡槽上，声称这是首屈一指的"运河桥"（这一说法是错误的），并且这条渡槽是由里凯设计并于1676年完工（这是正确的）。安德罗西将军书中复制的这条渡槽的横剖面揭示出，它的水槽由两层连接良好的砌石组成，中间夹着一层厚厚的其他材料。他没有告诉我们这些其他材料是什么，但我怀疑这不是碎石填充，而是冲击黏土，遵循了密封圣费雷奥尔大坝水坡的做法。

　　在雷普德雷渡槽9公里以外，里凯通过在赛斯河下游修建一个堰，使运河水平横穿更大的赛斯河，就像他在弗莱斯克河和奥贝尔河情况下所做的那样。人们只能推测，为什么他没有为赛斯河交汇处设计类似的结构。

在赛斯东部，里凯的运河提供了一个典型的等高线运河河堑范例，蜿蜒曲折而行，直接穿过卡佩斯唐镇上方，然后向南弯曲到普瓦耶村和昂瑟兰山的南侧。尽管沿着等高线前行，但行进缓慢而艰难，因为大部分地面都是岩石，且这不是一条狭窄的运河。

当一大群苦力在炸药的帮助下，慢慢地把这个长塘（long pound）——里凯的巨大河段（Grand bief）[①]，向东朝着奥尔布河和贝济耶前行时，其他一帮人已经在奥尔布河东岸到阿格德和埃罗河的河段上，以及在塞特新港的码头和防波堤上展开工作。与长塘不同的是，奥尔布河和埃罗河之间的河段几乎没有造成什么困难。这里不需要迂回曲折，运河直接穿过一片平坦的海岸平原，接近地中海海岸线，然后与之紧密平行。在这两条河之间26公里长的运河中，只有四个下降船闸，且只有两个值得注意的地方。一个是在维亚（Vias）村附近的利伯伦小河（little river Libron）的水平交叉口，后面会有更多论述；另一个是著名的阿格德圆形船闸（round lock），里凯可能还没能活到它完工。

阿格德的埃罗河是一条大而有力的河流，但为了确保旱季交通有足够的吃水，不得不在运河交叉口的下游修建一座堰。该堰切断了运河与阿格德下游老港口之间的交通，而圆形船闸的目的是为解决这一难题提供一个经济的解决方案。运河上的过境船只在6点钟和12点钟方向通过圆形闸室中设置的闸门，对于这种船只，任何一个方向都可能有落差，这取决于埃罗河的高度。基于此，在12点钟方向提供两对在相反方向打开的闸门。驶往阿格德港或从那里驶往地中海的船只，必须在闸室内旋转90度，并通过另一对在3点钟方向设置的闸门离开。这些通向一条在阿格德桥上方与河流汇合的捷径。这个方向的落差平均为1.5米，这也是堰的高度，为了避免不得不将大的圆形闸室降到这个程度，阿格德船闸最初在这个方向上起到二级船闸的作用，船只进入里凯正常椭圆形模式的第二个闸室，然后再降到阿格德船闸开口的高度。第二个闸室的底部闸门早就不见了，无论如何，现在也不能按原计划的方式使用，因为在其上端修建的桥梁没有足够的净空。但是第二个闸室的砌体墙依然屹立不倒，而阿格德船闸仍然是里凯和他的工程师们无限创造力的杰出例子。

随着岁月的流逝，里凯的工程师和苦力们仍在拼命挣扎着完成这一长塘，他的对手们加大了攻击力度，因为在他们看来，里凯把他们的钱浪费在了一项为自己扬名立万的、野心勃勃的冒险事业上，这项冒险注定要失败。他们成功地诋毁了里凯，以至于连科尔伯特也开始怀疑他。而在朗格多克州，达盖索（d'Aguesseau）几乎是唯一一个对里凯的成功保持绝对忠诚和信心的、有影响力的人，他在1673年接替德·贝宗斯成为国

---

① Long pound，指两座船闸之间的一长段运河，本文翻译成"长塘"；bief，法语，意思是（两座船闸之间的）河段。——译者注

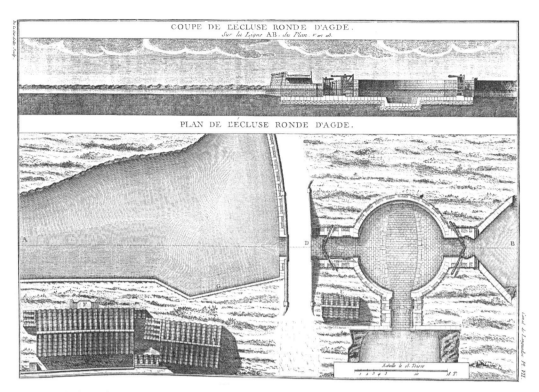

图4-6　阿格德圆形船闸

王在朗格多克的专员，以及代表该省和国库（State Treasury）的工程督察。

　　1677年初，当里凯的手下沿着昂瑟兰山脊南坡接近一处地点时，问题到了非解决不可的地步，里凯提议在此处开凿从南向北穿过的隧道。这不是一条很长的隧道，但它必须穿过沙质的碎石。更重要的是，这是一个毫无先例的尝试，以前从来没有人试过为通航运河开凿隧道。里凯的对手们在国外大声疾呼，说他即将进行最后一项伟大而疯狂的事业，他整个工作计划不周，事业肯定会失败。此外，他们还争辩说，即使里凯能实现这条糟糕的通道（马尔帕斯），坦诚地说，他正在进行的长塘会在一个山坡上较高的、不可能的位置结束，这个山坡可以俯瞰远处的奥尔布河和贝济耶城。

　　达盖索就这一情况向科尔伯特提交了如实而公正的报告，再加上里凯的反对者不断游说，使这位部长深感不安，并最终削弱了他对里凯的信心和信任。1677年2月18日，科尔伯特在圣日耳曼给达盖索回信时写道：

　　我刚才仔细检查了我从你那里得到的所有关于里凯以及连通两海的运河工程，……用三言两语来告诉你我的想法，我会说，这有理由让我担心，因为我看到，通过继续我在前几封信中向你建议的调查路径，你比以往任何时候都深刻地评价里凯先生的行为，以及他对［他的工程］的认知的本质，这种认知是由其天马行空的想象力推动的。尽管认为他病了是明智的，但我们必须谨慎行事，以免他想象力的方向和魅力导致我们不幸地终止所有工作。换言之，仍有相当多的工作需要完成，而在建工程也可能无法令人满意地完成。

此人和那些大骗子一样，一个故事在讲了三四次后，便说服自己这是真的。他曾说过很多次他是这项伟大工程的创造者，即使当着我的面，最后他也相信自己实际上是绝对的创造者。而且，他基于工程的伟大，产生了他为国家作出了伟大贡献并积累了巨额财富［的想法］。正是因为这样，他买了一块土地，附带着国家男爵的头衔，这使他的儿子成为一个大法官的事务秘书，考虑到他对子女的培养，这使他的精神得到了满足，一个前景广阔的事业和一个通货膨胀，与他现在的身份和所做的事情没有任何关系。

这里应该解释一下，科尔伯特指责里凯沽名钓誉是不公正的。里凯早在他开始与运河有关联之前就买下了邦雷波斯庄园，他所拥有的邦雷波斯男爵的头衔后来得到了国务委员会的认可。至于他的长子让·马蒂亚斯（Jean Mathias），在1673年，当里凯病得很重的时候，他安排儿子去见在圣日耳曼的科尔伯特并随附了一封感人的介绍信，信中写道："我让我儿子去见您，因为世上没有人比他更值得我信任。"正是由于科尔伯特的影响力，让·马蒂亚斯·里凯被任命为大法官事务秘书。但很明显，科尔伯特终于厌倦了里凯没完没了的、喋喋不休的信件和索要更多钱财的请求；厌倦了一条在11年后仍然没有完工的运河，且周围的争议比以往任何时候都更加激烈。正是在这种坏心境下，科尔伯特写下了他后来一定后悔的话。他接着建议达盖索密切关注里凯及其工程师的行为，并注意任何挥霍或滥用资金的行为。务必使人员和材料适得其所，确保工人每天转移适当数量的弃土，并在船闸处铺设适当数量的石块。这封长信的结尾威胁说，如果达盖索和他的助手德·拉弗耶不能有效地监督工作，他打算派出值得信赖的人。今后的支出必须严格控制，并严格按照实际完成的工作比例支付。

这封信把对里凯忠心耿耿、钦佩他所做所为、理解他困难的达盖索置于两难的境地。他决定把科尔伯特的信给里凯看，而不是假装扮演双重角色。里凯深受打击，他觉得不可思议的是，他最强大的盟友、一个从一开始就支持他的努力的人，竟然能写下这样一封信。他觉得科尔伯特屈服于反对者，所以背叛了他。

然而，科尔伯特写给里凯的一封信提醒他，委员会不久将视察他的隧道工程现场，如果他们感到不满，他们有权下令暂停进一步的工作，这激发了老人的斗志。他立即撤走了所有在贝济耶——阿格德段工作的人，增补到在隧道上开始工作的那伙人。因此，他在昂瑟兰召集了大量劳动力，并委派了他最好的助理工程师帕斯卡尔·德尼绍（Pascal de Nissau）带领他们付诸实施。如矿工们前进的速度一样快，木匠们随之竖起了巨大的横梁支撑顶部，而石匠们则在边墙上砌上了石头。根据传说，以此方式，世界上第一条运河隧道只用了六天就完工了。因此当专员们来检查"不可能"的工程时，他们惊讶不已地被欢欣鼓舞的里凯和手持火把的工人带领着通过了开凿现场。

虽然这是一个很好的故事，但难以让人信服。尽管马尔帕斯（Malpas）隧道很短，只有165米长，但它宽7.3米，拱顶高出水面5.8米，与英吉利运河隧道相比，这是非常巨大的尺寸。因为他们比运河上的桥梁大得多，所以很难理解为什么隧道被开凿成如此巨大的规模，这并不是马尔帕斯唯一的谜团。安德罗西将军在他的书中展示了隧道的剖面图，有两个竖井，一个靠近南端，另一个靠近中间。今天已没有这种竖井的痕迹，作为这么短的一个隧道，它们作为临时工作竖井或用于永久通风都是非常多余的。不可否认，这些竖井的存在意味着隧道可以从六个工作面而不是两个工作面更快地掘进。但这是假设在专员扬言他们到访之前，竖井就已经存在了，因为挖掘竖井所浪费的时间肯定会抵消任何隧道挖掘优势，正如里凯所意识到的那样。这条隧道的另一个奇特之处是，尽管岩石明显柔软易碎，但它的西端至今仍没有衬砌，也没有壮丽的大门（portal），因此它类似于某个大洞穴的入口。另一方面，隧道的东端有衬砌，入口由一个壮丽的石门组成。人们很容易认为这是里凯疯狂催促的证据，但根据另一种理论，里凯建造的隧道从来没有用石头拱起，而是保留了木质衬砌，后来部分被石头拱顶取代。

图4-7　穿过马尔帕斯隧道西半部的纵剖面

展示了与蒙塔迪排水沟相连的竖井。

图4-8　马尔帕斯隧道东入口

图4-9　马尔帕斯隧道西入口

图4-10　马尔帕斯隧道西入口（David摄，2013年）

图4-11　隧道无衬砌段详图，
显示大面积的砂石侵蚀

里凯在马尔帕斯的凯旋是一场代价高昂的胜利，不久之后，他就被拒绝提供进一步的财政支持。经过多年对金钱的担忧之后，他最害怕的事情终于还是发生了，就在胜利在望的那一刻。他的敌人被他成功开挖隧道的功绩弄糊涂了，他们预言奥尔布河谷的最后一道障碍一定会证明他的垮台。但这个固执的老头（里凯现在已经73岁了）决心证明自己是对的，世界是错的，无论遇到什么。如果全世界都不付钱，他会的，而且他指示一个在弗龙蒂尼昂（Frontignan）的律师卖掉他从家里继承的所有财产。因此，在里凯的资助下，工程得以继续。里凯痛苦地说，"世上有人说，我造了一条运河，是为了淹死我自己和我的家人。"

马尔帕斯隧道和贝济耶之间最后8公里的长塘明显比其他的窄，以至于在其中的一个河段，现在实行了单向交通，并提供了错船湾（Passing bays）。由于没有明显的自然原因，这可能归因于新的财政紧缩。花别人的钱是一回事，花自己的钱则完全是另一回事。但如果这一猜测正确的话，当运河最终到达他的出生地贝济耶对面的奥尔布河谷边缘时，里凯是不允许经济因素影响他的。他的批评者们又一次寄希望于灾难，但他们又一次失望了。他知道他身后的长塘可以提供充足的水，于是他沿着陡峭的斜坡，沿着丰塞兰内斯那华丽的八级梯级船闸，把运河引到了奥尔布河河畔。正是这种华丽的、戏剧化的最后姿态，最终使他的批评者们哑口无言。不过，尽管里凯可能已经痴迷于他的运河，并受到宏大幻想的困扰，但在实际问题上，他仍然可以冷静而理性地思考。丰塞兰内斯的八个闸室克服了总计21m的水平高差，而科斯尼尔在布里亚尔运河上的罗尼六闸室梯级船闸的数字是19.8m，里凯从来没有忘记过闸室坍塌的早期教训。

随着伟大的丰塞兰内斯梯级船闸的完工，即使是与里凯不共戴天的敌人也不得不承认，他已经克服了最后一个巨大的障碍，米迪运河终于可以完工了。科尔伯特写了安抚性的贺信。在大西洋和地中海之间的新水路完成之前，只有最后一段运河需要开凿，即从埃罗河到翁格洛斯（Les Onglous）的托湖之间，还要在巴格纳斯（Bagnas）修建一座单级船闸。里凯最后一次成功的战斗是在丰塞兰内斯赢得的，但他并没有活着享受最后的胜利。

里凯一定拥有一个非凡的体格，在他这个年纪，没有多少人能经受得住15年来与各种障碍的斗争，无论是自然的还是人为的。人们觉得，只有他坚信成功的、钢铁般的决心才能使他活着。但现在，76岁的他，白发苍苍，白须满面，这场斗争对他来说太难了。1680年9月7日，达盖索向科尔伯特报告说里凯病危。据说，10月1日，里凯把儿子让·马蒂亚斯叫到床前问道："运河到哪里了？"，"只差一个里格就到托湖了，"让回答说。"一个里格"，他父亲悲伤地重复着，这是他说的最后一句话，这个不屈不挠的人就这样溘然长逝了。里凯的遗骸现在埋在图卢兹的圣艾蒂安（St Etienne）大教堂的一块黑色大理石石碑下，上面写着：

这个柱子前面

埋葬着

皮埃尔·保罗·德·里凯的遗骸

邦雷波斯男爵

1604年生于贝济耶

卒于1680年10月1日

就像他之后的布里奇沃特公爵一样，皮埃尔·保罗·里凯把全部财产都押在了运河工程的成功上，但是，与公爵不同的是，他生前没有看到自己事业的成功。他去世时欠下了200多万里弗的债务，是他的子孙们得到了回报。另一方面，里凯比公爵不幸得多，因为他不是自己的主人，而是必须依靠国家的支持。这是一直困扰他的忧虑的主要来源，这是不可避免的。在17世纪，没有一个人或一群人能够筹集到资金来建造一个像米迪运河这样庞大的工程。

这条运河耗资15249399里弗，相当于5000万金法郎。这样一笔钱换算成现代货币，是难以想象的。这笔开支超出原先估计的6057399里弗，其组成如下：国库7484051里弗，朗格多克省5807631里弗，里凯本人1957571里弗。这些数字不包括建造新塞特港的费用。

1681年5月2日，里凯的两个儿子在法国的出纳员德·隆布勒（de Lombrail）、兰塔男爵（Baron de Lanta）、达盖索以及3名运河工程师安德罗西、吉拉德和孔蒂尼（Contigny）的陪同下视察了圣费雷奥尔大坝和黑山的供水系统。然后，他们前往瑙鲁兹峰顶东端的船闸，这座船闸当时被称为"医生船闸（Médecin）"，但现在被称为"地中海船闸（l'écluse de la Méditeranée）"。在这里，达盖索下令提起闸门，黑山的水雷鸣般地奔涌而出，通往卡尔卡松的漫长下坡路上的闸塘开始一个接一个灌满。

运河于1681年5月15日正式通航，圣塞尔宁（St Sernin）修道院院长为这条水路举行了仪式性的祝福之后，邦齐红衣主教（Cardinal de Bonzy）、纳巴达大主教、年老的图卢兹大主教安格卢·德布勒蒙特及其继任者、国王专员、省议会的代表和其他知名人士在河口港登上了一艘装饰华丽的船。船上有一队乐师，并有一艘姊妹船随航，为旅途提供额外的住宿、行李及饮食。当礼炮齐鸣、乐队齐奏、大家欢呼时，两艘船继续前

图4-12　运河开通三百周年庆典上的梅姆伊芙琳·德·里凯·德·卡拉曼

运河开通3个世纪后，梅姆伊芙琳·德·里凯·德·卡拉曼夫人，其建造者最亲近的直系后裔，参加由皮埃尔·保罗·里凯三百周年协会和大不列颠内河航道协会在瑙鲁兹组织的一个仪式。

行，后面跟着一队来自加龙河的23只满载货物的驳船。有这么多船要过船闸，一定是一个缓慢的进程，但在5月18日，游行队伍得意洋洋地驶进了卡斯泰尔诺达里的大内港，在那里举行了第二次水上祝福仪式，这次是由圣帕普主教主持的。当游行队伍缓慢地行进时，农民们在小路两旁高喊着"万岁"！或者"里凯万岁！"5月24日，他们驶过马尔帕斯隧道，到达了贝济耶，此处热闹非凡。神职人员在此下船，剩下的人继续前往托湖并于25日抵达。米迪运河开始运营，自那以后就一直在运营。

第五章

管理与交通（1681~1965年）

里凯去世后的100多年里，他的运河由其直系后裔拥有和管理，家族谱系以及运河财产划分方式在里凯·德·邦雷波斯（Riquets de Bonrepos）和里凯·德·卡拉曼（Riquets de Caraman）之间变得有点复杂且令人困惑[1]。自1637年以来，里凯的长子让·马蒂亚斯（1638~1714年）一直在运河上积极协助父亲，当他父亲在1680年去世时，他继承了运河财产三分之二的份额，并负责运河工程的完工。让·马蒂亚斯结过三次婚，他的第一次婚姻没有孩子，但第二次和第三次婚姻各有一个儿子，维克多·皮埃尔·弗朗索瓦（Victor Pierre François）和让·加布里埃尔（Jean Gabriel）。

里凯的小儿子皮埃尔·保罗二世（1646~1730年）在法国军队中掌管着一个委员会，而且他在运河事务中似乎并没有发挥积极作用。父亲去世时，他继承三分之一的运河财产。1670年，他买下了已经灭绝的、古老的里凯家族头衔——卡拉曼伯爵（Comte de Caraman），但这是一笔相当令人困惑的交易，因为里凯·德·卡拉曼被视为是家族的高级分支。这个皮埃尔·保罗二世没有后代，他在1730年去世时将他的卡拉曼头衔留给他的侄子维克多·皮埃尔，维克多·皮埃尔作为长子，继承了他父亲运河遗产三分之二的份额。与此同时，他的弟弟让·加布里埃尔继承了剩余的三分之一份额，被称为邦雷波斯男爵。因为这个让·加布里埃尔没有男性后裔，死后邦雷波斯庄园便留给了女性后裔。因此，一直到法国大革命时期，卡拉曼分支的历任男性代表不仅持有运河财产的主要份额，而且还全权负责运河管理。他们分别是：卡拉曼伯爵维克多·莫里斯（Victor Maurice, 1727–1807）、伯爵、侯爵以及最后的卡拉曼公爵维克多·路易斯·查尔斯（Victor Louis Charles, 1762–1839），分别是皮埃尔·保罗一世的曾孙和玄孙。最后一个名字被认为是现在法国卡拉曼分支的祖先，他的母亲是奇梅公主——安娜·阿尔萨斯·海宁·利塔德（Anne d'alsace d'henin Lietard, Princesse de Chimay），他的弟弟奇

梅王子——弗朗索瓦·约瑟夫·菲利普（Francois Joseph Philippe），同样创建了比利时卡拉曼奇梅（Caraman – Chimay）家族。

里凯死后，他的两个儿子发现自己陷入了极其困难的境地。首先，他们必须偿还2090000里弗的债务，其中大部分是他们的父亲在运河建设的最后阶段的负债。其次，他们必须面对更大的资本支出，不仅要完成运河，还要进行现有路线的改进，因为他们很快就明白，运河工作中有严重的问题必须纠正，唯此，运河才可以变得高效和有利可图。最后，他们对运河所有权的头衔成了长达50年之久的法律争论的主题。

为了清偿资本债务，兄弟俩被迫出售他们的运河所有权份额。1683年，珀诺蒂耶（Pennautier）购买了运河三分之一的所有权，1690～1691年，工程师安东尼·尼凯特获得了十分之一的所有权，总共有7/12的财产以这种方式易主。但里凯明智地保留了重新购买的选择权，最终家族重新获得了唯一的所有权。

1683年3月28日，达盖索代表国王和朗格多克政府开始对运河进行正式检查。在视察了位于塞特的新港口工程后，他驾轻船穿过托湖，来到翁格洛斯。在这里，他和其他官员登上了"快乐之船"（boat L'Heureuse），紧随其后的是另外两艘携带行李和食品补给的船只，在马瑟伊兰礼炮声的伴奏下，一行人开始了穿越运河的航行。经过75小时的旅行后，他们到达了图卢兹，正如视察队的一名成员热情记录的那样，他们总共用了521分钟到达瑙鲁兹最高点，相当于每41秒上升1英尺，这被认为是一项了不起的成就。

11月19日，在这次视察之后，国王委员会正式推荐认可这项工程，并于1685年3月16日通过一项法案正式批准了这项认可。然而，尽管有官方的许可，但对于里凯兄弟来说，越来越明显的是，在交通能畅通无阻且不存在中断风险之前，必须进行许多昂贵的改进工程，特别是关于河流交叉口。尽管有财政困难，他们还是勇敢地打电话给塞巴斯蒂安·沃班来寻求建议，这项工作是在他的指导下进行的。当国王专员图尔（Toures）先生在1727年视察运河时，他对里凯所取得的成就表示祝贺。据估计，到这个时候，他们已经在改善上花了近300万里弗。

1715年，路易十四的死引发了法律纠纷。有一些人认为，如果运河既可以由国家直接管理，也可以由里凯家族在租约条款下管理，那么运河应该保持国家所有。与此相反的意见是，运河及其收入作为永久封地授予里凯及其继承人，国家只保留确定通行费的权利和一些监督权，以确保有效的管理和维护。毫无疑问，这种结合封建权利和商业管理的奇怪协议形式，一方面是在国王和科尔伯特之间达成的，另一方面是里凯遵循了先前的布里亚尔运河先例，即布特鲁埃家族在国家未能修完运河之后成功地接管和管理该项工程。但米迪运河与比布里亚尔运河不是一个量级的，国王和省议会为此花费了巨额资金。国王去世后，有人争辩道，任何君主的礼物或拨款都不能永久，而必须与他一同消亡。对此，里凯兄弟回复说，1666年拨款的时候，运河不存在，在运河存在之前，任何东西都不能视作领地（皇家财产）。这一巧妙的观点似乎完全把法律界搞糊涂了，他们在接下来的50年里为这一观点争论不休。

很难理解为什么运河会成为这样一场旷日持久的争论的对象，因为它并没有让里凯家族坐拥金矿。直到1724年，他们才开始从运河中获得收入。在1768年，运河已实现了合理的盈利，朗格多克州提出购买运河，此次出售的估价为8500000里弗。这意味着经过100年的时间，运河的估价只有其总投资的三分之一，而在同一时期土地价值增长了两倍。因此，里凯家族当然不是继承闲职，这是对他们管理的一种致敬，尽管1768年的购买计划是由国王批准的，但使用运河的批发商和贸易者激烈地反对，以至于迫使省政府重新考虑，因而米迪运河仍然掌握在里凯家族手中。

1822年，里凯家族的长久统治结束之时，德·波默斯撰文对他所称作的"陈旧管理"（the old management）的善行和效率大加赞扬，并认为这证明了私有制优于公有制。他特别钦佩处理和补救运河早期缺陷的果断方式。

如果不是在修理过程中所表现出来的积极行动、不断的检查以及船主的热心，这些故障可能会由于航行中断和收据丢失而产生无法估量的后果。这是支持私人管理的一个强有力的观点，而且我们不能掩盖这样的事实：在类似的情况下，不可避免的时间损失和公共行政部门固有的责任将会为这些灾难留下足够的时间以变得更糟，而且没有任何补救措施。

他继续引用了里凯的一位后代的政策声明：

在承担这项工作时，我们坚持不争取最低价格，而是尽可能地把这项工作做得尽善尽美。对维护的持续关注有时避免了严重的灾难，但如果真的发生了，在我们看来，最好的办法就是多付钱，以获得更快的速度和更好的工艺。仅仅修复意外故障是不够的，预防可能发生的故障也是值得的。公共行政人员在为不确定的危险要钱时，会被指责为空想，而我们却常常受荣誉和利益驱使，花费大量的金钱来防止我们认为可能发生的灾难，尽管这遥遥无期[1]。

　　“陈旧管理”包括在图卢兹的总部雇用一名总经理，一名总控制员和一名总收费员，他们三个组成一个委员会，其职责是定期向所有者报告所有运河事务，接受所有者的指示并在必要时把这些指示传达给地区工作人员。在图卢兹还有一名档案管理员，负责一个存放处，里面保存着所有有关运河建设、维护和管理的文件。多年来，雇用档案管理员的做法一直延续下来。结果是，当今世界的交通运输组织没有比它更完整的一套记录，当然也没有记录能延续这么长时间。

　　在总经理的领导下，共有7名地区经理，分别在图卢兹、圣费雷奥尔、卡斯泰尔诺达里、特雷布、索梅尔、贝济耶和阿格德。这些地方每处都有一名收费员、一名控制员和一名“游客”，最后一个角色的确切作用还不清楚，他可能是一名巡查员，因为我们被告知，每当他们所在区域在停工期间进行任何维修工作时，他和控制员就充当主管人和监督员。在这种管理下，有100个船闸看护员和18个守卫。后者我们应该称之为河段养护工，他们对某些防洪闸负有特殊责任。因为后来有记载说，有一名守卫被指派负责利伯伦河上那条奇特的“漂浮渡槽”，这将在下一章描述。

　　除了紧急情况外，运河只会在每年夏季的几个月里因维修而停运一次，此时所有的必要工作都按事先精心安排好的计划进行。[2] 每年，每个地区经理都会向图卢兹办公室提交一份其部门需要完成的工作的报告，总经理根据这些报告编制一份总进度表提交给所有者。当所有者们在总经理的陪同下，一年一度在德·波默斯所称的“凤尾船”（gondola）上巡查时，他们都会复核这个进度表。对于这样批准的工程，合同图纸、规范和说明都在图卢兹准备好并发送给相关的地区经理，然后由他们负责详细阐明并雇用当地承包商。

　　从德·波默斯引用的管理操作指南来看，这条运河是按家长式的方式运行的：

1　德·波默斯没有给出来源，但事实上这段引文几乎一字不差地引自《朗格多克运河史》（the Histoire du Canal du Languedoc）（巴黎：克拉佩莱印刷厂，1805）。这本书是由“里凯后人”匿名写的。由于此书撰写之时里凯·德·卡拉曼已流亡海外，据推测其作者是马蒂亚斯·里凯·德·邦雷波斯，他显然在这一时期参与了运河的管理。因为邦雷波斯男爵让·加布里埃尔去世时没有男性后裔（见附录B），这个玛蒂亚斯的确切关系还不清楚。

2　《朗格多克运河史》这本书包含了有关此事的让人难以置信的信息，一开始，运河每六个月关闭交通六个周至两个月不等。有人怀疑，只有在沃班和里凯正在进行改进工作的时期，这种情况才一定有效。根据同一当局的说法，后来每隔两年就发生一次大的停工。显然，在这些情况下，运河会被彻底排干，排空需要四天，再次注满需要六天。

每一个表现良好的员工都必定是所有者的朋友；他的需要、他的担心和他的孩子一定是你所关心的；你必须不遗余力地抚慰他们的心灵，因为这样重要的职责不能由那些因忧虑而分心的人承担。

所有者必须努力使他们的员工保持平静的情绪，这种情绪能使每位员工头脑清醒。你的仁慈和关心通过克服那种让人无法表达抱怨的羞怯感来理解他们的需求，这是收获忠心，使员工像所有者一样对维护这一伟大而重要的工程保持浓厚兴趣的手段[1]。

这种对运河雇员的态度在18世纪是非常有见地的，当然也有回报。它奠定了整个运河的一种伟大团队精神的基础。因为这主要是一种对米迪运河本身而非任何特定所有者的忠诚感，证明它足够强大可以经受住所有变迁直到现在。

毋庸讳言，正是1789年法国大革命的爆发结束了里凯家族对米迪运河125年的独占权。邦雷波斯分支仍然留在法国并以某种方式设法保留他们的财产，包括他们三分之一的份额。但在1792年，忠诚的卡拉曼分支开始移民，他们的财产包括运河三分之二的份额，都被共和党政府没收了。拿破仑皇帝在1810年3月10日颁布一项法令，成立了"米迪运河总公司"（Compagnie Générale du Canal du Midi），并将卡拉曼家族所掌握的运河转让给了这家公司。新公司的名义资本是1000万法郎，分为1000股，拿破仑从中拨出900股，分给他最喜欢的元帅和他新创立的贵族阶层中他想奖赏的其他成员。这家公司的股东大会由荣誉军团（Legion of Honour）的财政大臣（Grand Chancellor）主持，但是由著名的桥梁和公路工程师团（des Ingénieurs des Ponts et Chaussées）[2]负责运河的日常运行和维护。

这是1818年德·波默斯参观运河时的体制，他能够免费乘坐当时的总工程师克劳扎德（Clauzade）先生的巡查凤尾船沿运河旅行。显然，法国大革命的剧变几乎没有改变运河，因为他记录了他是多么高兴地发现，沿着这条路线，"运河雇员们那世袭的、几乎是世代相传的热情。"管理的形式也几乎没有改变，除了更加重视工程师。在此之前，只能推断出"管理者"有工程经验，而现在图卢兹有一位首席工程师，下设5名地区工程师和3名副工程师。

---

1 引用来源与前面一样，也是《朗格多克运河史》（1805）。

2 这个著名的土木工程师团成立于1719年，它自然产生于17世纪末在沃班的建议下成立的军事工程兵团（Corps des Ingénieurs de Génie Militaire）。1747年，同样著名的桥梁和堤道学校在J. R .佩罗内特（J. R. Perronet）的指导下成立，他为这项服务培训新人。

另一个新出现的职位是种植园经理，听说他负责四个苗圃，分别在图卢兹、瑙鲁兹、特雷布和索梅尔，那里的树木是从种子中培育出来的，种植在运河堤岸上。这些苗圃里有超过15万棵小树和32.5万株幼苗。所提到的品种包括橡树、白蜡树、意大利杨树、落叶松和其他的"树脂树"，但奇怪的是，这并不是后来取代运河两岸所有其他树种的法桐，也许是因为发现法桐的根比其他树种更能支撑河岸。

复辟后，1823年4月25日的一项皇家法令裁定，拿破仑分配的运河公司的股份应归还里凯家族，卡拉曼分支以补偿方式获得292份新发行的股份。运河公司当时正在蓬勃发展，但像在英格兰一样，铁路的到来似乎已经使它的业主们惊慌失措，这使他们毫无反抗地投降。1851年开始修建南部铁路，1856年8月，波尔多至图卢兹之间的路段开通。1857年4月22日，始于图卢兹经由纳巴达到塞特的路段开通。一年之后，运河公司同意将运河租赁给铁路公司，本租约于1858年5月28日签署并在下个月获得国家批准。然而，对于运河来说非常幸运的是，这并不是永久租约，而是在1898年6月到期。

在这一期限即将来临之际，运河所有者于1896年11月同意将米迪运河及其延伸部分——加龙旁支运河转让给国家，1897年11月27日通过的一项法案承认并批准了该项协议。因此，运河直接脱离铁路控制进入国家管理，就像所有法国国有航道一样，在认为所有的国有内河航道都是宝贵的国家便利设施的开明原则下，通行费被废除，因此，不需要"支付他们路费"[1]。结果，运河上的交通开始慢慢恢复，除了第二次世界大战期间外，这种趋势一直持续。

1685年3月，当正式确认接受运河工程时，发布了确定收费费率的第二项法令，并在图卢兹设立了一个特别的私人法庭，目的是为了在贸易商或当地土地所有者以及有关运河运营维护的管理者之间产生任何纠纷时进行仲裁。此外，由国王和朗格多克地区议会任命的监察员继续行使他们的监督权。

为了收费，运河被分成了48段，每段大约5公里长。在大革命之后，通行费费率为每公里1英担4生丁（4 centimes per km-quintal）①，但建筑材料、煤、沙子、砂砾和肥料

1　在1953年4月9日之前，这项规定一直适用于整个法国。从此以后，每一位商用船船主都以两种方式支付使用内河航道的费用。首先，每年向中央财政缴纳的"营业税"，约为每艘船260法郎；其次，每吨公里20生丁的正常通行费，估计占维修费用的25%。就游艇而言，不收取任何费用。但1992年，政府采取了新的措施，为航道投资和维护提供资金，并成立了一个新的管理机构——法国航道管理局。这就产生了一个新的系统，在这个系统下，所有用户，包括租用船只和私人船只，现在都要为基础设施成本做出贡献。

①　生丁（centimes），法国货币名，1生丁=1/100法郎；英担（quintal），重量单位，1英担=100千克。——译者注

的费率有所下降。运河港口没有停泊费，轻载驳船可以免费通行。

米迪运河最早期的交通似乎鲜为人知。然而，有一件事是肯定的，那就是，从来没有把它作为穿越直布罗陀海峡的更长的海上航线的替代品，而这正是最初构想修建两海之间运河时所设想的。大部分本来要通过海上运输的货物被转至运河，但它们不是在相同大小的船上运输。在拿破仑战争时期（1800～1815 年）尤其如此，当时由于英国海军的封锁，米迪运河上的交通量明显增加。但是，将这条水路作为航行运河使用的唯一记录是有点奇怪的，这发生在 1690 年。海军在图尔维尔（Tourville）战胜英国和荷兰联合舰队的胜利属于路易十四的首领，并鼓励他计划入侵英国。为此，一些被称为"划船战舰"的船只从地中海通过运河被运送到大西洋，它们的最终目标是南德文郡（South Devon）海滨的泰格茅斯（Teignmouth）。然而，像拿破仑和希特勒一样，路易深思熟虑后，他的入侵舰队从未到达目的地。

米迪运河从未成为商业航道的主要原因是加龙河的状态。从皮埃尔·保罗·里凯时代到现在，加龙河一直是一条畅通的河流，也就是说，从其发源地西班牙比利牛斯的巴列-德阿兰（Val d'Aran），一直到它与多尔多涅河（Dordogne）汇合，汇合后的河流形成了吉伦特（Gironde）河口。因为这是一条湍急的河流，水流剧烈波动，而且因为在图卢兹和波尔多之间有相当大的落差，两个城市之间的航行是极其危险的活动，它只能由当地熟知这条河流的熟练船工驾驶小船航行。即便如此，贸易也经常因洪水或缺水而中断。今天凝望这条河，很难想象它是如何进行商业荷载航行的。在图卢兹的河口港，货物经常从运河驳船转运到较小的内河船上。即便如此，从波尔多逆流而上到图卢兹，需要多达 12 匹马来拉河上的其中一条船。当一艘船在浅滩上搁浅时，船员们都会越过船舷，涉水将货物卸到岸边，直到船轻到可以推过浅滩，然后重新装货。尽管有如此费时费力的权宜之计，但在夏季的几个月里，河水水位降得太低以至于无法通行的情况仍屡见不鲜。

正是这些情况导致了修建一条绕开这条艰险河流的运河的早期提议，但是直到 1856 年加龙旁支运河全线开通后，这些提议才得以实现。加龙旁支运河从图卢兹开始，到位于卡斯泰昂—多尔特的与潮汐河①的交汇处，此处位于波尔多以上 56 公里。不幸的是，这一日期几乎与将整条路线租赁给竞争对手铁路公司的租期相重合。令人惊讶的是，尽管有铁路竞争和新的旁支运河，这条河上的交通却一直持续到 19 世纪下半叶。事实上，那些已经退休了的船夫们还活着，他们还记得年轻时在这条河上航行的情景。这种坚持

---

① 指加龙河。——译者注

不懈有两个原因：首先，避免运河通行费；其次，当河流条件有利的时候，顺流而下的航行比新运河快得多。在蒙托邦、穆瓦萨克、阿让和比泽，提供了河流与运河之间的中间通航连接。直到1885年，图卢兹和波尔多之间的加龙河的交通流量达到了6032817吨公里，但重要的是95%的货物都是顺流而下运输的。当运河在1898年免费通行时，这条河上的交通很快就停止了。

加龙旁支运河动工20多年前，在米迪运河的东端，已经有了与罗讷河的内陆连接，并因此与整个内河航道中央系统连接。在里凯完成他的运河工程之前，朗格多克州政府已经开始将这条运河的第一部分向罗讷河开挖。这项工程包括扩大中世纪的古河道，河道在塞特到有城墙的艾格莫尔特（Aigues-Mortes）古镇之间的浅塘和盐沼蜿蜒穿行，完工后的路线被称为"池塘运河"（Canal des Etangs）。如果里凯当时真的设想他的运河很快将通过内河航道与罗讷河相连，那他就过于乐观了。在一百多年后，艾格莫尔特的运河通过一条延长线与罗讷河在博卡尔汇合，延长线经由古老的、搁浅的圣吉尔斯港跨越卡马尔格（Camargue）。

博卡尔运河的历史与米迪运河的历史相比显得很可怜。虽然诺阿耶（Noailles）元帅及其家族被授予了与里凯家族一样的运河修建特许权，但与里凯不同的是，元帅和他的家人在将近50年里几乎什么也没做，此后特许权被废除。之后，特许权被授予里切利乌元帅（Marshal de Richelieu）组建的公司，但直到朗格多克州自行处理事情为止，它依旧没能取得任何进展。在1777年运河开始建设之前，他们花了19年的时间与当地土地所有者在捕鱼权和沼泽的排水方面进行讨价还价。大革命时期，当工程因州议会的镇压而中断时，运河还未完成。新政府随后授权一家公司，该公司在1808年最终完成与罗讷河的连接。博卡尔运河和池塘运河现在合称为"塞特罗讷运河"（Canal du Rhône à Sète）。

里凯在计划修建米迪运河时，他是否设想过马拉船，这一点值得怀疑。而且似乎最早使用这条运河的船是带有铰链桅杆的沿海型小船，它们在无法航行的时候由人力拖行。我们知道，图卢兹和纳巴达大主教在开通仪式上乘坐的是一种长17.4米、宽3.7米的三桅帆船。到18世纪中叶，帆船仍在使用，但是是马拉的：据说有150艘帆船定期在运河上交易，它们的载重从88~98吨不等，由一名船长和一名水手驾驶，由一名驭马者驾驭的一匹或两匹马拖拉。

截至1818年，德·波默斯参观运河时，交通量增加了，因为他告诉我们，在过去18年里，许多节点每年通过的船只数量平均为1920艘，总共运载了75000吨。到这个时候，陈旧的沿海型小船发生了变化，这些船虽然有甲板，但被描述成平底且运载能力为

图5-1　琼·玛丽（Jeune Marie），最后的木质驳船之一，1972年

100～120吨之间，最大吃水为1.6米，虽然这些船只从罗比纳运河向下到拉努韦尔港交易，但必须将吃水降到1米。这些驳船（毫无疑问是这样的）展示了标有刻度的排水量等级，这样，收费员可以随时估算出应支付的吨位费。

在相同的18年里，运河的平均年度预算计算如下：[1]

	法郎
通行费，75000吨，每吨19.28法郎	1446000
其他收入（来自土地、磨坊等的租金）	64000
总计	1510000
维护和管理费用，平均每年	710700
净收入，或用于改善的净收入	799300

据推测，现在整个运河的拖航由马匹完成，而携带船帆主要是为了通过托湖，沿着里凯蜿蜒的长塘航行的想法让人难以置信。然而，大约在1834年，当里凯、科尔伯特和

1　总工程师克劳扎德向德·波默斯提供的数字，维护中断时期及管理费用见附录C。

沃班让公司的蒸汽拖船开始定期地在翁格洛斯的运河口和塞特港口之间航行时，托湖航行的难题就解决了。可以肯定的是，这项服务一旦引入，米迪运河的驳船很快就停止了扬帆。

蒸汽拖船的引进伴随着交通量的增加，在1838年，据报道有273艘驳船定期在运河上航行，这一数字不包括河流上的商船以及来自加龙河、罗讷河和地中海的沿海船只。据推测，这一总数代表了贸易公司或自己拥有船只的船长（或者我们称之为"头号船只"）所经营的驳船，而不包括运河公司拥有和经营的船队。这类船队分为两类，其中一类是所谓的"快艇"（accelerated boats），相当于我们运河上的"飞艇"（fly boats），用于运送紧急或易腐烂的货物，运载量只有50~60吨，行驶速度几乎是重型驳船航速（6千米/小时）的两倍。这些"飞艇"还搭载乘客，在48个5公里的航段中，每个航段的费用为15生丁。第二类船队是由运载乘客和邮件的班轮（packet boat）①组成，这些船可以容纳150名乘客，分为两类座舱，"普通舱"和"装饰交谊舱"（ornamental saloon），交谊舱乘客的费用是每段25生丁，这些班轮的航行速度是每小时11千米。

为了确保邮件的快速运输（顺便提一下，为了节水），在这项服务的早期，这种所称的"班轮"并不通过主要的梯级船闸，而是在它们之间的闸塘穿梭，但这意味着需要更多的船只和船员来维持这项服务。乘客们不得不反复改换，带着自己的行李沿着纤道匆忙而行，对此叫苦不迭。于是，这项服务确定为四天的悠游，三次通宵停靠。即使如此，这项直达服务也没有使用奥尔布渡口。第四天中午，图卢兹班轮到达丰塞兰内斯上端的终点站，乘客和邮件通过公路被运送到贝济耶，以便赶上奥尔布渡口东部的第二艘船来完成余下的旅程。

显然，当德·波默斯在1818年造访运河时，这种悠闲的服务仍在运营，因为他曾不适宜地将该服务与英国运河上的相似服务进行过对比。"当我们看了英国运河上的班轮运营后"，他写道，"人们有权对所说的班轮的缓慢速度感到惊讶，整个朗格多克运河之旅需要四天时间，还要迫使乘客在卡斯泰尔诺达里、卡尔卡松和索梅尔渡过三个不愉快的夜晚"。他接着说，运河公司目前雇用了18位船长、20名马夫和42匹马从事班轮服务。

德·波默斯的批评有点不公平，因为与英国运河相比，米迪运河的船闸和桥梁是不方便用马拉船的，我们将在下一章看到。因此，值得注意的是，图卢兹和贝济耶之间的

① packet boat，译作"班轮"，它是一种沿常规路线行驶的船，通常是沿海岸或河流，用于运载乘客、货物和邮件。——译者注

班轮日夜兼程，航行时间最终减少到36小时。这项服务随后由总工程师直接负责，并由一名总检查员在两名助理的协助下管理。有7名流动的收费员担任警卫兼检票员，因为他们负责船只的运营和收费。很显然，有一个去纳巴达的连接服务，因为我们被告知有23名班轮的雇主或船长，其中两名被合并到连接运河上。要维持这样的服务，一定要付出艰苦卓绝的努力，但它无法战胜南方铁路，当运河租给铁路公司时，班轮很快就彻底消失了。

从20世纪初开始，运河交通流量才从铁路公司租赁期间的低谷中走出，缓慢而稳步地增加。这一恢复无疑得益于这样一个事实：1898年，与其他法国航道一样，米迪运河免除了通行费。帮助复苏的第二个因素是，20世纪20年代初期开始的、从马拉船到柴油动力驳船的转变。由于更大吨位船只的使用以及运河上马匹拖航的不便，与英国狭窄运河系统相比，机动驳船比以前的马拉驳船更具优势。因此，尽管在英国，马拉船顽强地坚持着，但在米迪运河上，它很快就消失了。

1925年，第一艘机动化船是"塞特市"号（Ville de Sète），它隶属于航运总公司（Compagnie Générale de la Navigation），这是一家经营法国整个内河航道系统的公司。它的成功使这家公司很快将米迪运河船队的其余部分——"波尔多市"号（Ville de Bordeaux）、"阿让市"号（Ville d'Agen）、"贝济耶市"号（Ville de Beziers）等都改造了。紧随其后进行仿效的是一家B. P.有限公司拥有的一家能源公司，该公司于1926年为"薛西斯三号"（Xerxes III）进行了机动化改造。此后，这家公司和其他公司的船很快都进行了改造，到1930年，公司拥有的所有船只都完成了机动化改造。这一事件的影响是，运河上所有马拉船的船主都发现越来越难以争取到货物，只能被迫效仿。结果，最后几匹马拉船在1933年、1934年从运河上消失了。1935年，随着骡拉的马格德琳（Mardeline）被改造后，一个漫长的马拉船时代结束了。

典型的米迪运河马拉船是木制的，有优美弯曲的船头，有突出的船首柱，船尾有木舵，木舵由夸张比例的木制舵柄转动。在船只机动化初期，木制舵柄被保留了下来，但后来被改造成方向盘并配有一个小操舵室以应对恶劣天气。为了在船只空载时能畅行通过低矮桥梁，这些操舵室被设计成易于拆卸或折叠。下面的插图（图5-2）显示了一艘名为"圣杰曼"（Ste Germaine）的、从事葡萄酒贸易的改装马拉船，仍然使用原来的木制舵柄。顺便说一句，她的船长库基埃（Coucière）先生，现在拥有了一艘现代化的钢制运酒驳船——"美丽保罗"号（La Belle Paule），这是目前运河上维护最好的船只之一。这种钢制驳船正在取代以前的旧木制马拉船，尽管在运河上仍可看到少量木制船。

图5-2　圣杰曼（Ste Germaine），具有原初木舵柄的改装马拉船

在第二次世界大战占领期间，由于动力船缺乏燃料，不得不暂时重新引入马拉船，政府提供必要的马匹。当时唯一能在运河上继续服役的动力船只有"圣雅克"号（St Jacques），它被德国人征用，配备了使用木材燃料的煤气发生炉。由于某种未知原因，这场战争期间，只有卡尔卡松和马尔塞莱特之间的运河上用骡子而不是马。每日通过卡斯泰尔诺达里圣罗奇梯级船闸的船只数与吨位数的记录毫不奇怪地表明：在这些战争年代，运河上的交通量减少到平均每天只有一艘船，这降到了历史最低水平，即使在没有数据的铁路统治期间也没有这么低。而在1900年，在几乎没有时间恢复的时候，平均每天也有四艘船。

因为运河经过一个纯农业区，而且沿途为数不多的几个大城镇从未实现过大规模工业化。自从铁路开通以来，由于往来中间码头的交通很少，许多较小的港口都废弃了。大部分行程都是长距离的，这一特点一直持续到现在。尽管自上次战争以来运河贸易一直有波动，但总体上一直呈上升趋势，这一增长的主要原因是运载碳氢化合物的油轮驳船的交通，这一现象出现在继罗讷—塞特运河上的弗龙蒂尼昂和拉努韦勒港建立炼油厂之后。限制交通增长的因素是可用驳船的数量，其原因是：米迪运河和加龙旁支运河只能容纳载重吨位为145吨和170吨的船只[1]，而且由于其远低于公认的欧洲最低标准，贸易商对投资建造新驳船犹豫不决，因为这些船体积小，不能与现代铁路和公路运输进行有效的竞争。

下面的交通数据是从时任运河总工程师的普法夫（Pfaff）先生的一篇文章中摘录的，这篇文章发表在1966年的《法国问候》（Regards sur la France）特别版，给出的数字是1965年的。自此以后，米迪运河的交通流量略有下降，但贸易模式仍保持不变。1965年1月1日，有81艘普通货船、54艘运输碳氢化合物的油轮、5艘运输焦油及其衍生品的油轮和26艘葡萄酒运输船（其中22艘装有可拆卸集装箱罐）定期在米迪运河和旁支运河上航行。这些船只在图卢兹和塞特之间的正常平均航行时间是75小时，或者5~7

1　这些是官方授权数字，但实际上人们已经知道驳船通过米迪运河的载重吨位是160吨。

天，依季节而定；图卢兹和拉努韦勒港之间的航行时间是60小时或4～6天。主要的西行交通包括：从弗龙蒂尼昂和拉努韦勒运往图卢兹地区油库的碳氢化合物；从下朗格多克到图卢兹，特别是波尔多的葡萄酒运输；从地中海盐田到波尔多的季节性海盐运输，以供应大西洋捕鱼船队。东行交通主要是运送西南地区广泛种植的玉米，这是从位于图卢兹地区的储藏筒和沿旁支运河的各个仓库运出的，并被运到塞特和拉努韦勒港对外出口。

在图卢兹和波尔多之间经由旁支运河和加龙河到达或离开波尔多的直达交通要花3.5～5天（50小时），相反的方向则要花4～6天（55小时），这一差异是由于潮汐加龙河的强大水流所致。因为这个原因，所用驳船配备的引擎比仅限于静水中使用的驳船马力更大。1965年，米迪运河的年交通总量达277714吨或50751544吨公里，该年度每天通过圣罗奇船闸的船只平均数略多于10艘。假设德·波默斯所记载的交通数据是正确的，这意味着比铁路运输兴起前的运载吨位有了大幅增加。

除了承接来自米迪运河的交通外，这条旁支运河还有大量自己的贸易，包括来自吉伦特炼油厂的碳氢化合物以及木浆、黄铁矿和谷类。由于旁支运河的最大吃水（1.80米）比米迪运河大，限定在旁支运河的驳船平均载重吨位为170吨。因此，在1965年，旁支运河的总交通量达到443507吨或超过3800万吨公里。

今天，除了运输公司的船队外，还有相当多的驳船都是"头号"驳船，由船长所有，其完好无损的状态反映了所有者的荣耀。看到像保罗、斯特拉（Stella）或谢尔盖·杰拉德（Serge Gerard）这样美丽的船只是令人欣喜的。有时，船长可能在岸上有一个家，在雇员的帮助下在驳船上工作。但在大多数情况下，驳船是家庭之家，孩子们在学期期间离开驳船去图卢兹的寄宿学校上学。因为根据法国的标准，米迪运河上的驳船很小，它们通常只能使用上述拖船，但最近建造的钢制驳船有200马力或更大的发动机，因此能够攀升到罗讷河。因此，他们能够在法国北部航道网的任何地方接载货物并且也偶然这样做。

里凯建造运河是为了休闲而不是商业交通，运河目前仍然按照他的初衷在使用。每年，越来越多的英国和欧洲大陆的游艇爱好者利用米迪运河作为西大西洋和地中海之间航行区的便捷通道，更重要的是因为就休闲交通而言，它是免收通行费的。此外，最近还新成立了一家欣欣向荣的游艇租赁公司，总部位于卡斯泰尔诺达里。皮埃尔·保罗·里凯将会感到欣慰的是，经过近三个世纪的使用，时至今日，他主持修建的运河上仍船来船往。

图6-1　穿越丰塞兰内斯梯级船闸的五艘不同类型和大小的船（此图是从顶部数起的第五级闸室）

图6-2　米迪运河（及法国其他地方）的梯级船闸经常以这种有些壮观的方式运行，中间的大门保持打开，以便水从槛台倾泻而下

第六章

运河现状①之一：从翁格洛斯到特雷布

托湖面积巨大，浩瀚无边。它如此之大，以至一个沿着公路旅行的陌生人，会发现当自己身处布齐格（Bouzigues）、梅兹（Mèze）或马瑟伊兰等古老小港口之一时，他可能会误以为抵达了地中海沿岸。由于东南向的低矮狭窄的地峡将托湖与海洋隔断，地峡上从阿格德到塞特的主要公路和铁路在地平线上不容易看到，尤其是在雾蒙蒙的天气里。从马瑟伊兰港口的入口处向西南望，可以看到两个石码头，东侧较长的码头尽端矗立着一座小小的红白相间的灯塔，这就是翁格洛斯灯塔[1]，是米迪运河的入口标志。

从此处进入米迪运河是一种奇特的体验，而从这里离开甚至会更加不同寻常。因为在运河旅行者看来，似乎是可以从运河直接驶入大海而不经过任何中间内港或海闸（sea-lock）。作为米迪运河的介绍，它几乎不是一处引人入胜的起点，因为这里是蚊子之乡，地势平坦，遍布沼泽、盐田和浅湖，仅在南部有单一隆起的圣卢普（St Loup）火山山丘。运河绕过巴格纳斯小池塘（Etang de Bagnas）南侧岸线后，向北转向巴格纳斯船闸，这可能是运河上最后修建的一座船闸。

如同整个运河上所有初始船闸的位置一样，位于巴格纳斯的闸室是典型的里凯形式和尺寸。不管是不是原来的砖石结构，现在还不好说，但可以合理地假设，在经过近300年的时间后，大部分闸室都曾在某个时候重建过。例如，位于卡尔卡松西侧的拉兰德二级船闸，其侧墙的一块石头上就刻有1786年。带平衡梁的原初木闸门一直保存到19世纪之前，它们何时被现今无平衡梁的金属框架门所取代并没有记载。这种大型闸门，由于缺少平衡梁的平衡，通常会在斜接柱（Mitre post）[2]的底部安装一个滚轴，在门槛上的金属轨道上滑行，并借以支撑闸门的重量。然而，米迪运河上的闸门却完全由门轴

---

① 此处的"运河现状"指罗尔特考察运河时的现状。——译者注

1　闪烁两次的红灯，6秒周期，210°～229°是白色区域。

2　门的垂直构件，离其悬挂物最远。

柱（Heel-posts）[1] 的轴支撑，圈箍把它们固定在闸墙上的闸臼（Hollow quoins）[2] 内，闸墙被加固并安装了滑动轴承，最初用黄铜，现在用钢。尽管这些轴承承载了较大的负荷，但闸门却很容易摆动，并可通过一根长的水平铸铁齿条（Rack-rod）启闭。垂直轴的上端有固定的曲轴手柄，安装在垂直轴上的小齿轮与该支架啮合。在临近船闸时，我们发现其中一个门上的齿条刚折断，因而我们不得不在斜接柱上系上一条绳子来转动闸门，惊讶地发现它非常容易移动。

每个闸门都有两个水闸，用螺钉和绞盘杆进行提升的旧方法已被更正统的齿轮齿条所取代。提供两个备选主轴，一个是直接的，另一个通过降压齿轮实现缓慢提升。尽管绞盘是可拆卸的，但船夫并不携带。反而每个闸门都有此设备，当不使用时，用夹子把它们夹在人行道栏杆上。有人讽刺地说，如果在英国采用这种做法，很快绞盘就所剩无几了。

船闸下端不设台阶或平台，因而如果想离开或再登上一艘船，则必须在下闸门之下的翼墙上使用垂直铁梯。这些闸门不便于马拉船通过，特别是在下面没有纤道的桥梁横跨闸尾的情况下。

这些引人入胜的闸舍，有着波形瓦屋顶和湖滨绿百叶窗，因经年日晒，看起来像是饱经沧桑，而实事确实如此。上面写着船闸的名字，其下是在两个方向上与下一个船闸的距离（米）。在19世纪，每个闸舍门口都镶嵌着刻有精美文字的矩形铸铁板。现在，船闸看守人通过电话沟通，以便他们收到船只接近的预警。这意味着，通常会发现船闸已准备好，除非交通另有指示。一般船闸看守人会协助船闸工作，但船上的船员应尽自己的责任。这里有一则警告：通过从棘齿上释放棘爪来"放桨"并允许棘爪依靠自重回收的英式做法在米迪运河上是严格禁止的。也许，这就是为什么米迪运河上的船闸极少发生故障的原因之一。

运河从圣包齐勒桥（Pont St Bauzille）下穿过，离开了宽阔的沼泽地，很快就在绿荫中抵达普拉德斯（Prades）船闸。该船闸有一个矩形闸室，它要么在里凯时期还不存在，要么是取代了一对防洪闸门。这是一个防洪闸，是为了阻止运河另一边的埃罗河洪水侵扰直到巴格纳斯船闸的运河闸塘。当水位正常时，普拉德斯船闸的所有闸门均保持打开状态，但就像这个地区的所有河流一样，埃罗河也会暴涨。例如，当我们从卡斯泰尔诺达里到马瑟伊兰进行春季航行时，发现河流泛滥，防洪闸已经启用。令人惊讶的是

1　门的垂直构件，离其悬挂物最近。
2　门轴柱在砖石内的半圆形凹槽中半旋转。

我们被告知，如果我们早一天到达，我们就不能过河了。因此，我们直观地了解到里凯的平交跨河方法的实际缺陷。然而，这样所引发的困难和耽搁远不如马拉船时代那样大。那时，驳船在缆绳的引导下通过埃罗河，人们仍可以在靠近普拉德斯船闸的运河口上看到这些缆绳的锚块。与此同时，拉船的马则要么被带到船上，要么通过阿格德桥绕行。

对面运河的入口在下游不远处，因河岸上覆盖着浓密的树木和灌木丛，在它打开之前决不容易看到。因此，粗心大意或不善观察的陌生人可能会发现自己在激流中正迅速地接近阿格德堰。从这条河到阿格德著名的圆形船闸仅有200码左右。此处，通向堰下阿格德老港口的支流河渠看上去很窄、很浅，而且废弃了——实际上很像一条狭窄的英国运河。然而，在我的第二次航行中，我们乘坐游艇从地中海[1]进入运河，我们却发现这里的水深竟接近1.5米，完全不像看上去的样子。不过，这是一个警示。在这种情况下，如果圆形船闸关闭，停留在船闸尾部低矮的桥下是不明智的，就像埃罗河一样，阿格德河堑的水位会突然涨落。

在阿格德小运河港外，刚刚通过圆形船闸，几乎没有什么可说的，运河穿越一片靠近地中海岸线的荒凉沼泽地，经过一段长长的直道后，航行者可以看到前面有一排令人望而却步的钢梁和断头台式的闸门横跨运河。这项工程是极具创造性的解决方案，它解决了在整个运河上的顽疾之一，即利伯伦河（Libron）交叉口问题。

正常情况下，利伯伦河仅是一条无足轻重的河流，但它却经常暴发猛烈的洪水，每年可能多达20余次。当与来自地中海的向岸风同时发生时，向岸风会导致利伯伦河倒流，情况就会更加恶化。在运河开通后不久的一段时间里，据说一场这样的洪水可以使运河河床填满淤泥，长达半里格。由于地形平坦（此处运河河床实际上低于海平面），且场地临近里利伯伦河口，这是一个传统渡槽无法解决的问题。因此，独特的"利伯伦筏"（Libron Raft）或"浮桥渡槽"（Pontoon Aqueduct）便应运而生了。运河两岸都用墙围了起来，直到利伯伦河交叉点。然后，建造了一种特殊的平甲板型驳船，长30.5米、宽6米，它是用来沉没的，并且每端安装可调坡道。这艘奇特的船通常停泊在交叉口旁边一个专门的河湾里，一旦洪水来临，它就会被从挡土墙之间移出，直到跨过河流沉入河底。洪水随后漫过驳船上的平甲板和凸起的斜坡之间，因此远离运河河床。当洪水退去，通过阿基米德螺杆泵（Archimedean screw pump）使驳船浮出水面，然后回到系泊处等待下一次洪水的来临。

1　两个码头，每一个都有灯塔，标志着从海上进入埃罗河和阿格德港的入口。西边码头上的灯塔有一个红顶，在夜间发出两个6秒的红灯，而东边的灯塔有一个绿顶，发出4秒的白灯。

图6-3　著名的利伯伦桥的立面图和平面图。来自安德罗西所著的《米迪运河史》(Histoire du Canal du Midi)

　　每当这个奇特的利伯伦桥（Pont de Libron）启用时，运河交通便被阻断，但现在的布置是为了避免这种延误。在交叉点，利伯伦河有两条通道，两者相隔30.5米，每条通道设有六个利用断头台式闸门闭合的可移动式泄水道。向利伯伦河开放的河道的连续性由移动U形断面完成，而U形断面由升降机拖拉跨过运河，从而完全将其与夹带泥沙的洪水隔离开。因此，当利伯伦河暴涨时，驳船将先通过第一系列开启的泄水道，随后停留在两条通道间的中央闸室内。然后，将其后面的泄水道拉入适当位置，并撤回前面的泄水道，从而允许驳船继续前行。

　　里凯在米迪运河上共修建了139座公路桥。多年来，其中一些已经重建，最近也新建了一些公路桥和铁路桥。然而，许多最初的桥梁仍保持着17世纪建造时的样子，一眼望去，立刻会被两个特征所震撼。首先，我记得没有一座桥的下面有足够宽的马拉纤道，这使得马拉船变得非常缓慢而乏味。人们不禁要问，如若每一座桥都要拆换拖缆，班轮如何管理点对点的时间。桥下的小径如此狭窄，净高又如此之低，以至于人们会认

图6-4　利伯伦交叉口现状，显示了移动水闸

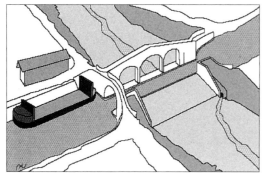

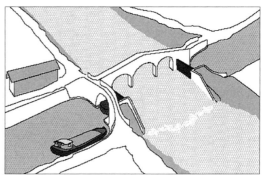

1. 运河在两个低水位槛台之间的水槽中穿过利伯伦桥，低水位时河流从运河底部的涵洞通过。码头停放着带凸起坡道的平甲板式驳船，随时准备投入使用。

2. 驳船被放入槛台之间的水槽为即将来临的洪水作准备，现在洪水汹涌而过，运河完好无损，开往塞特港的驳船必须等到洪水过去。

图6-5　早期的利伯伦交叉口的运行（18世纪中叶）

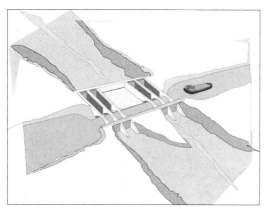

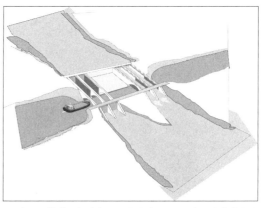

3. 正如今日大多数游客所见，利伯伦交叉口有两组石拱门穿过运河，两边各有一个30米长的中心内港，拱门配置升降设施以启闭水道上的水闸。

4. 启用阿格德一侧的水闸以输送利伯伦河洪水，当向东行驶的驳船通过第一组拱门之下的开启通道（实际上，中央内港两侧各有6个水闸，移动型钢分为两部分，分设于运河的上游和下游，但为了清晰起见，这里简化了陈述）。

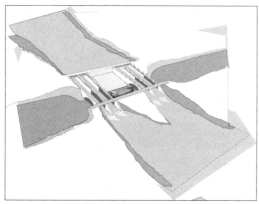

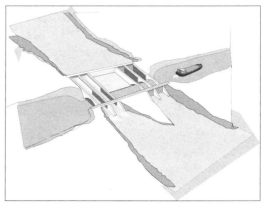

5. 驳船停泊于中央内港，其后侧闸门启用。

6. 阿格德一侧的闸门被提起，驳船前行。

图6-6　现存的利伯伦交叉口的运行（1855年建成）

为这是专为"纤夫"（bow-hauliers）而不是为马拉船而设计的。原初桥梁的第二个特征是，与运河上其他宏大工程相比，这些桥梁规模显得极其微小。从水面到桥梁拱顶仅有3.25米高，看起来比英国宽运河（诸如大联盟运河）上的典型桥梁稍大一点，然而它们在外观上却非常相似。或许是因为周边有居民的缘故，一些桥梁异常的低，从阿格德到贝济耶的途中，被称为卡皮斯科（Capiscol）[1]的桥梁就是一个特别糟糕的例子。许多现代化的驳船在空载的情况下，必须拆除驾驶舱才能从这座桥下通行。在秋季航行中，我们只有乘坐搭载了一群身材魁梧、精力充沛的法国人的驳船才能通过这座桥，这些法国人像变魔术似的从附近的铁路编组站而来。

对西行的旅行者而言，在贝济耶，无论是从视觉上还是从工程角度，米迪运河都令人印象深刻，最突出的特征就是奥尔布河引起轰动的"新"交叉口。里凯对于这条河的交叉口的最初方案是如何设计的在图6-10的地图给予了展示。可以看到，从丰塞兰内斯梯级船闸底部开始，运河在圣母院（Notre Dame）通过二级船闸进入奥尔布河，并在下游850米处再次离开，通过拴在木桩上的木帆桁（timber booms）引导该河段的交通。临近运河下游出口下方，一条堰横跨河流，并配备了大型水闸（形成堰），目的是使洪水期间堆积在通航通道内的淤泥被冲刷掉。尽管存在该设施，但航道仍经常淤塞。受堰的高度影响，夏季干旱时节没有足够的水深通航。为解决这一问题，引入了三个新特性。首先，下游堰顶被抬高，以保证干旱时节最低水深可达到1.8米。在被洪水冲走后，堰被重建成一系列石柱之间安置挡板的形式。当大洪水来临时，所有或部分挡板可轻易地释放，并用安全链防止挡板被冲走（图6-7）。

旧地图显示，运河上被称为新穆兰（Moulins Neufs）的地方曾有一对防洪闸门，在运河口的圣皮埃尔增加了第二对防洪闸门。两对闸门将800码长的运河封闭，在洪水来袭时，可作为船只的避难所。借由新圣皮埃尔闸门的水闸，也可以冲刷运河入口处因洪水而沉积的淤泥。然而，另一种通过更有效的冲刷来解决淤泥问题的尝试是修建新堰，该堰选址于地图左侧圣母院公路桥下方，并配置强力水闸。

从地图上可以很容易地看出，驶往地中海的船只在圣母院桥是如何进入河流，并在木帆桁的引导下，顺流而下抵达运河出口的。但是，西行交通是如何沿河而上的还不得而知，除非帆桁设有供船首拖船使用的人行道。很显然，后来在左岸旁边形成了帆桁空隙，左岸有了马拉纤道，可以把西行交通沿河而上从圣皮埃尔的运河口拖到圣母院桥。在此处，卸下马匹，马匹通过桥梁渡河，而船只则顺流而下抵达圣母院船闸入口。在圣

1　这座桥在1970年代被拆除了。

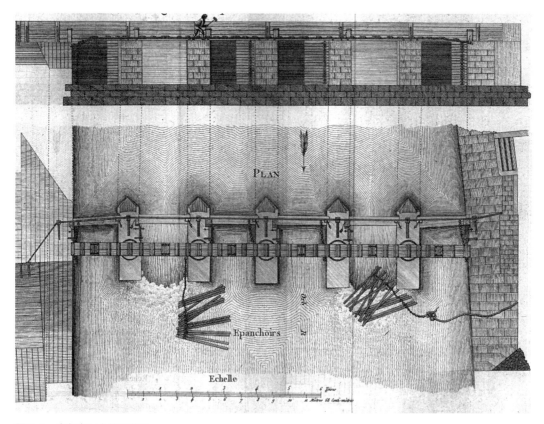

图6-7　奥尔布河上的泄洪堰

母院船闸和圣母院桥之间的运河右岸也有一条类似的纤道，以便东行交通可以抵达圣母院桥，然后再顺流而下。

　　然而，多年来改善渡口的努力屡屡失败，每年都有太多的日子出现因河水过多或过少而导致航行受阻的情况。例如，1779年，由于一场特大洪水，船只连续停留了17天才得以通过。虽然什么也没做，但也不乏这种状况的补救方案。1739年，沃班最先提出建造高水位和低水位渡槽计划，他提出修建一条渡槽，始于丰塞拉内斯船闸从上面数的第五个闸室，宽16.5米、长1185米。这一方案被认为太过雄心勃勃，且成本太高。1756年，甚至有一项更认真的提议，开凿一条隧道使运河穿越河底，而圣母院旧的二级船闸被增扩成四级船闸，直接延伸至隧道入口。通过逐级降低的船闸进入一个漆黑的隧道，隧道位于一条暴涨的河流之下，这确实是极具戏剧性的运河体验，但如何确保河水不会浸入下面的隧道呢？

　　直到1854年，一切都完成了。当年4月，运河公司的总工程师马格斯（Magues）

图6-8　米迪运河总工程师马格斯于1854年设计的奥尔布河渡槽

完成了目前的渡槽及其连接运河的设计方案。拿破仑三世（Emperor Napoleon Ⅲ）于6月14日颁布法令正式批准该项目，并宣布其为公用事业。在桥梁和道路工程师西蒙诺（Simonneau）的指导下迅速开始建设，于1856年5月竣工。

在接近两个二级船闸[1]中较低的那个船闸的闸尾时，这两个二级船闸现在将运河抬升至与渡槽相同的高度，可以看到里凯时期的旧运河向左弯曲并汇入奥尔布河。新船闸的四个闸室呈长方形，最低闸室旁是一处干船坞，用来修理驳船。闸室下端筑堤围合，增加闸门高度，因而可以引水填充，以便浮动驳船使其进出船坞。这一设计简单而巧妙，以前从未见过[2]。在名为贝济耶和奥尔布的两座二级船闸之间，是一处宽敞的内港和码头，即新港（Port Neuf），它取代了沿河而下的旧码头。

运河从奥尔布船闸的顶部向左摆动，随即从马格斯设计的宏伟七孔石砌渡槽通过。渡槽之上运河两岸宽阔的纤道下方是人行道，人行道两侧是长长的拱廊。从纤道经由下

1　在1970年代后期的米迪运河现代化项目的要求下，这些二级船闸被改造成了深单级船闸。

2　贝济耶船闸的改造消除了这种干船坞的可能性，取而代之的是在运河交汇处的盖尔霍斯蒂（Gailhousty）船闸的类似布置。

降式台阶便进入这些较低的人行道，入口有铁制活板门，这是可以理解的，但不幸的是铁门被锁住了。人行道很适合罗马皇帝散步，但除了偶尔检查和维护之外，很难看出它们的用途是什么。一种猜测是马格斯为了建筑美学而减轻了码头地基上的荷载。毫无疑问，里凯是会认可奥尔布河渡槽的，因为它配得上宏伟的运河。尽管它建于近两个世纪后，它依然有着不朽而宏伟的气势，是太阳王（le Roi Soleil）统治时期的典型作品。每当夜幕降临，当拱廊被泛光灯照亮时，渡槽更显得美轮美奂。文艺复兴精神垂死已久。

与运河上的早期渡槽不同，奥尔布河渡槽的砖石槽是用一层混凝土密封以防止渗漏。在1951年的年度停工期间，原来的密封部分被向下切割直至砖石上皮并被替换了。

穿过这条渡槽，运河旅行者将欣赏到贝济耶古城的壮丽景色，古老的灰色房子在陡峭的山坡上杂乱无章地一直从圣母院桥延伸到城堡式的圣纳泽尔（St Nazaire）大教堂，再到如同山顶皇冠的设防主教宫殿。接着，当运河在一条高大的柏树林荫大道之间蜿蜒曲折而行，在著名的丰塞兰内斯梯级船闸脚下重新汇合旧路线时，里凯出生地的景观就消逝了。新旧两条路线的交汇点位于梯级船闸的第七级闸室，为此目的，它被扩大直至

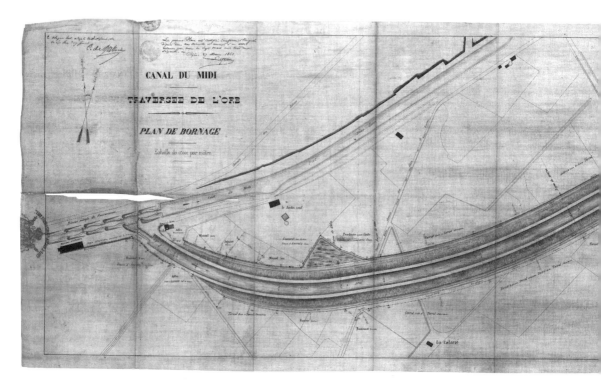

图6-9　贝济耶附近奥尔布河、奥尔布河渡槽、米迪运河及丰塞兰内斯梯级船闸关系平面图（1861年），法国图卢兹运河档案馆提供

像阿格德的圆形船闸一样。其下是已经废弃了的第八级闸室和运河旧支流，它一直延伸至圣母院船闸和奥尔布河。第七级闸室现在有三对闸门，虽然理论上它仍然可以用作船闸，但实践中第三对闸门却总是保持开启状态，除非新运河出于维修目的而需要被隔断时才关闭。这就意味着今天的运河航行只需要通过丰塞兰内斯梯级船闸的六级即可，而不是大多数法国运河指南中所言的七级。即便如此，该航行仍然是一个极为壮观的爬升过程，现在这一爬升可以容易且快速地完成。可以通过简易方法实现电动化操作闸门和水闸，即安装独特的电动马达驱动水闸齿轮以及开启闸门架的小齿轮。船闸管理员负责这些电动化操作，使船员们可以集中精力在他们船上。抵达船闸顶部，回望奥尔布河谷和河对岸的贝济耶城时，就很容易理解为什么当里凯把运河开凿到此处时，他的批评者们会认为他疯了。

从丰塞兰内斯船闸顶部开始，运河蜿蜒曲折，两岸绿树掩映，景色宜人。5英里后抵达昂瑟兰山脊下著名的马尔帕斯隧道，它被称为里凯的第二个愚蠢至极的想法。这里之所以是一个有趣而引人注目的地方，除了这是世界上第一条通航运河隧道的所在地之

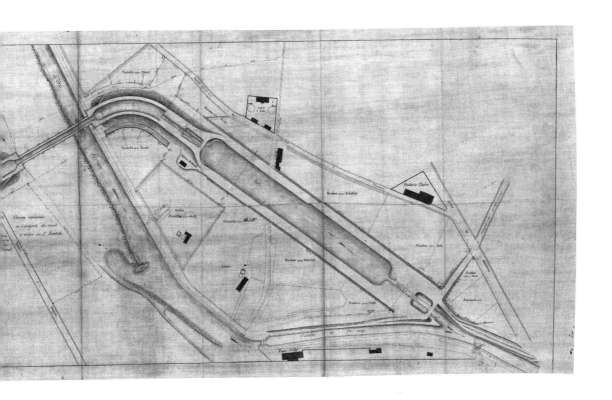

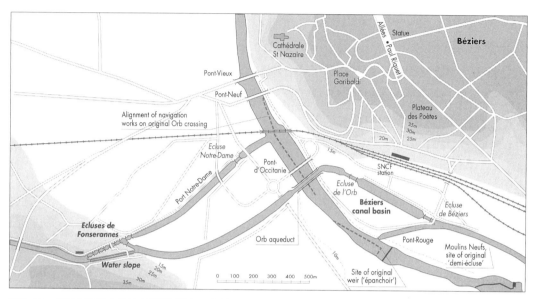

图6-10　米迪运河从丰塞兰内斯到贝济耶段的地图

展示了米迪运河的新旧路线，以前的路线有800米沿着奥尔布河。当今采用的路线则从里凯建造的八级船闸的第七个闸室开始，通过首席工程师马格斯于1854年设计的渡槽穿越奥尔布河，降落两个船闸（原为二级船闸）后与初始路线交汇。

图6-11　丰塞兰内斯梯级船闸及远处贝济耶古城（钟行明摄，2013年）

外，还有其他原因。在运河之上的山脊顶部，有昂瑟兰的古伊比利亚小镇遗迹，历史可追溯到公元前5世纪。从纳巴达到贝济耶的罗马公路，也在此穿越山脊。临近隧道的运河河堑的北坡顶部，可以直接俯瞰南方铁路（Chemin de Fer du Midi）主干线闪闪发光的铁轨，南方铁路是米迪运河最大的竞争对手。这条铁路俯冲而下进入一条隧道，该隧道在里凯运河隧道下的一条长长对角线上通过，在通往纳巴达路线的西侧显露出来。除此以外，这里还有一处著名的蒙塔迪池塘，它曾是一个浅水湖泊，但如今已成了一片广阔的肥沃土地，平坦如众所周知的薄饼。它之所以不同寻常，是因为早在13世纪圣路易斯（St Louis）统治时期就被排干了。这个排水系统于1247年2月2日由纳巴达的大主教授权，由僧侣们实施完成，现在仍在使用，这是早期工程的惊人壮举。

池塘的中心挖掘了一个集水坑，整个区域通过一个放射状的沟渠系统使水流入此处，这些沟渠犹如车轮辐条从中心轮毂向外延伸一样。始于中心集水坑的主排水渠的水通过一条宽1.5米、高2米、长1360米的地下排水涵管输送到昂瑟兰山脊下方，排水涵管位于里凯运河隧道底部以下15.5米处。这使水能够流入普瓦耶池塘和卡佩斯唐池塘，这些池塘直到17世纪末才被开垦。因此，从伊比利亚人、罗马人、中世纪僧侣到里凯以及

图6-12 蒙塔迪池塘现状（钟行明摄，2013年）

铁路建设者们，许多代人都在此地留下了印记。

里凯隧道极为宽阔，起初两侧各有一条纤道。南边的那条很快就毁坏了，且已经消失很长时间了。拆除它时，发现了一口竖井，被证实是下面旧排水涵管的工作井或通风井。足智多谋的运河工程师们，曾急于利用任何额外的手段消除长塘内多余的水，把这个竖井转换成排水沟，洪水从这里伴随着空响的雷声急剧坠入下面的排水涵管。这座竖井在安德罗西书中翻印的马尔帕斯隧道剖面中有描述（图4-7）。如今，井口已被一块可移动的石板覆盖，仅在须完全排干运河隧道内的水时才能移动石板。

值得注意的是，隧道西端在没有衬砌或支撑的情况下竟存续了如此之久。因为岩石是如此的柔软和易碎，一碰就碎成沙，附近纤道的表面上覆盖着隧道壁受侵蚀而洒落的沙子。

从洞穴般的马尔帕斯隧道口开始，运河沿着昂瑟兰山脊南坡，然后向北急转，紧挨着等高线绕过普瓦耶村西端和罗克马林（Roquemalene）山。1744年1月，罗克马林山发生了重大的山体滑坡灾害，山坡滑入运河河床，完全堵塞了将近270米的距离。河道必须重新开挖，并修建一道巨大的挡土墙，防止灾害再次发生。不管你信不信，航行在14天内就恢复了。令人吃惊的是，考虑到米迪运河的建造者对地质学和土壤力学一无所知，但几个世纪以来，此类事故却极少发生。

从这个出事点开始，长塘再次向西摆动，在高处经过卡佩斯唐小镇的北部。从临近运河港口的古运河桥开始，一条道路急剧而下穿过狭窄的街道，通向小镇的中心广场。这座古运河桥与贝济耶之下的卡皮斯科桥类似，特别地低矮。此外，这座桥额外的缺点是，由于地处长塘，暂时降低水位是没有希望的。

在卡佩斯唐曾发生过米迪运河漫长历史上最严重的灾难事件。1766年11月16日，朗格多克爆发了一场严重的、前所未有的暴风雨，随之而来的是一段时期严重的霜冻和反复降雪。即使正值隆冬季节，下朗格多克也是罕见冰雪天气的。涨水的河流造成了巨大的破坏，在贝济耶，奥尔布河冲毁了河流交叉口的所有运河工程，长塘上的情形急剧变化，非常危急。尽管事实上水从每一处泄洪闸和溢流堰倾泻而出，但事实证明这样的安全阀仍然不足，水位比正常水位高出3英尺。最后，不可避免的事故还是发生了，运河在卡佩斯唐决口。一段长42米、深11米的堤岸坍塌了，一股汹涌的洪水从这个巨大的决口奔涌而下，穿过城镇，进入卡佩斯唐池塘。

尽管天气恶劣，但运河所有者仍不失时机地应对这场灾害。他们迅速筹集了50万法郎贷款，并组织了1万名劳动力抢修决口。因不可能修复运河土堤，故而改筑为巨型石砌墙。由于现场没有合适的材料可用，每块石头必须从偏远的采石场中获取，然后削凿成形，运到施工现场。尽管每天必须破冰以保持通航，但很显然，长塘中仍有足够的水

图6-13　卡佩斯唐决口遗址

可以确保将材料用吃水浅的船运到卡佩斯唐。未完成的墙很快重新被雪覆盖，于是燃起煤火，昼夜不停，以便烘干砂浆。通过这种孤注一掷的措施，历经3个月的工作，卡佩斯唐决口被成功封堵。

为防止类似灾害再次发生，必须提供一些额外的方法来缓解运河洪水。基于此目的，运河总工程师的儿子加里普伊设计了巧妙的"虹吸式排水管"（épanchoir à syphon），或称"虹吸式水闸"，充当自动水位调节器。它被置于石砌墙中，由一个大约50厘米高、90厘米宽的矩形涵洞构成，它的纵剖面类似于弯曲的虹吸管。涵洞进水口距运河底部60厘米，而在虹吸管弧线顶点处，涵洞底部的高度等于运河正常水位的高度。这意味着只要运河水位超过正常水位，水就开始从涵洞流出。在通常情况下，这个装置会持续进行虹吸排水，直到它通过入口吸入空气，换言之，就是直到运河中仅留60厘米深的水。为防止这种情况发生，加里普伊增加了一个自动阀（排气阀），该阀门通过抽放打开，并且通过吸入空气，一旦运河水位恢复正常后就立即停止流动。

长塘上的两个虹吸式水闸分别建在卡佩斯唐和旺特纳克，后者是二级船闸。它们证明了运行是非常成功的，因而在卡佩斯唐以西约3公里处的铁杜·穆莱特（Fer-du-Mulet）新增第三个虹吸式水闸，而第四个则设在马尔塞莱特，承担调节该处与特雷布之间8公里长塘的水位。

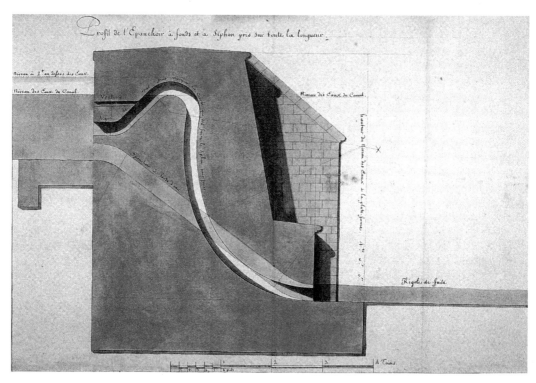

图6-14　加里普伊设计的虹吸式排水管

作为自动水位调节器工作，从而缓解长塘的洪水问题。

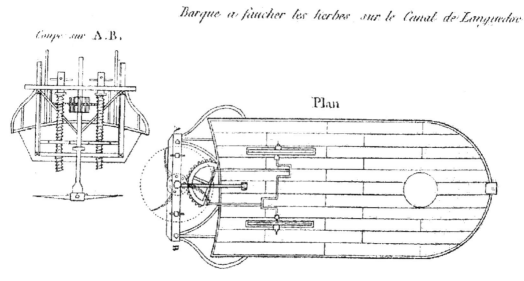

图6-15　加里普伊为长塘设计的割草船

足智多谋的加里普伊也解决了在夏季长期困扰长塘的问题，那就是大量生长的水草。他设计了一艘特殊的割草船，可能是首创。这艘船的船尾下面有三个弯曲的水平镰刀式叶片，从中心凸起呈放射状伸出，中心凸起附着在上端有齿轮的立轴上。通过两个连杆把扇形齿轮连接到手动旋转曲轴和飞轮上，借助该扇形齿轮实现镰刀式叶片的快速交替运动，防止其被水草缠绕，两个长螺钉使安装了叶片的框架能够根据深度进行调节。

自卡佩斯唐起向西的长塘河道，是一段典型的等高线运河，在树木相对稀少的景观中，远远就可望见其蜿蜒曲折的水道，高高的法桐林立两岸，形成连绵的林荫道。它是如此的蜿蜒曲折，以至于旅行者要绕行距离卡佩斯唐3公里的阿莱农场（l'Ale Farm），这不禁令人想起从牛津运河（Oxford Canal）的峰顶面看到的、同样连绵不断的沃姆莱顿山（Wormleighton Hill）农场景色。炎炎夏日，法桐绿树成荫，树枝交错，倒映在静静的水面上，无尽的美景令人着迷。唯一令人遗憾的是，里凯的工程师们建造的防洪堤，尽管已不是连续的，但仍遮挡了在小型游艇上欣赏周边乡村景观的视线。这意味着，只有登上大船甲板，长塘的美景才能一览无余，这是对低桥引起的焦虑的一种补偿。

马尔帕斯隧道以西，由里凯勘定的高处路线意味着，对西行的旅行者而言，高地通常在右侧。而相反的，左侧则向卡佩斯唐、奥德河谷和纳巴达倾斜，左右之间经常对比明显。过去曾是沼泽地的地方，现在已成为大片的葡萄园、果园、桃树林，以及在运河堤岸下绵延伸展的玉米地。如果天气足够晴朗的话，比利牛斯山脉雄伟的、白雪皑皑的峰顶偶尔也会显露出来，与奥德河谷相接的低山如同奇特的背景幕布。这一场景，与运河右岸陡然上升的斜坡形成了鲜明对比。因为虽然经常种植葡萄，但土地贫瘠、多石干旱，几乎如沙漠一样，尤其到了冬季或早春时节，一排排的葡萄树就只露出黑色的根茎枝节。这里生长着金雀花和桃金娘，以及一些歪斜的橄榄树或有着黑色尖顶的柏树。偶尔可见牧羊人孤零零的身影，赶着一群棕色的、山羊般的绵羊。依附在这些斜坡上的村庄有：阿尔热利耶尔（Argeliers）、旺特纳克、帕拉扎、鲁比阿，特别是阿尔让，每个村庄都有层层叠叠的波形瓦屋顶和棕色墙壁，经过几个世纪的暴晒，犹如老骨头一样褪色变白，看上去与昂瑟兰的伊比利亚定居点一样古老。当里凯的人炸毁通过贝济耶的路时，当地居民在惊讶中看不起这些人，自此之后，这里当然几乎没有什么变化。这幅风景让我想起了当我还是孩子时经常看的、圣经故事书里关于巴勒斯坦（Palestine）的一幅彩色插图。

皮加斯桥（Pont de Pigasse）位于皮加斯农场附近，桥的拱顶石上雕刻着朗格多克纹章，朗格多克十字架在有王冠盾形徽章上。位于阿尔热利耶尔附近跨越运河的另一座桥也有同样的装饰，D5公路从上经过。毫无疑问，里凯时代的许多桥梁都有同样的装饰。在皮加斯桥附近，一座孤零零的河段养护工小屋矗立在一对配有止水板的止水凹槽（stop grooves）旁边，止水凹槽将长塘分成大致相等的两段。

在阿尔热利耶尔附近的第二座装饰桥梁之后，是长塘上唯一相当平直的河段。在这里，曾一度没有法桐，取而代之的是运河两岸浓密的灌木丛，其间点缀着枝干扭曲的伞状老松树。运河在很长的一段距离内，改良的法桐林立两岸、绿树成荫。此后，运河似乎变得异常荒凉和遥远。在这一平直河段的尽头，航道突然变宽，而在纤道桥桥拱下方的左侧是1776年建成的连接运河（Canal de Jonction），最终借此实现了奥德河与罗比纳运河的连通，这令纳巴达原先心怀不满的居民感到满意。这样一个人迹罕至的运河交汇处是很难发现的，最近的住所是200码以外的、支流顶闸边上孤零零的船闸小屋。在九月一个温暖而又平静的夜晚，我们在此停泊，除了蟋蟀无尽的歌声之外，一片寂静。

从米迪运河至奥德河的连接运河只有5公里多一点长，降至奥德河共有7座船闸，位于萨莱莱（Sallèles）的是二级船闸[1]，总共有8个闸室。在汇入奥德河时，连接运河需要直接向上游转弯，然后从悬在奥德河上方的电缆下方穿过，紧挨着对面的河岸顺流而下，直至位于堰上的穆苏朗（Moussoulens）船闸处的罗比纳运河入口。这一做法是必要的，以避开由于堰而在河中心形成的泥沙障碍。

正如最初建造的那样，古老的罗比纳运河是明渠，它实际上为奥德河提供了穆苏朗、纳巴达至地中海拉努韦勒港之间的次要通道。它沿着一条曲折的路线前行，以减小比降，从而降低水流强度。然而，当连接运河修建后，它就被拉直了，并且建造了6个单级船闸。罗比纳运河现在主要由穆苏朗船闸旁的大水闸供水。自从拉努韦勒港变成石油码头后，这条航线已越来越多地被行驶在该港与图卢兹之间的油轮驳船使用。同样，它对往来于西班牙地中海海岸的游艇也很有用，但应提醒这类游艇的船主，吃水深度限制在1.4米。虽然官方公布的净空与米迪运河的相同，但事实上，纳巴达老桥下的净空不超过3米。1971年9月，我们曾试图通过这条航线进入米迪运河，但由于此原因，因为纳巴达的古罗马桥而失败了。实际上，罗比纳运河的所有意图和目的都是河运，因而不可能降低水位。我们无计可施，只能灰溜溜地撤退，并继续沿着海岸一直到阿格德。

在与连接运河交汇处稍西，米迪运河通过一个三拱砖石渡槽穿过赛斯河，该渡槽的中心跨度为18.3米，两边跨度均为14.6米。它由塞巴斯蒂安·沃班于1686年设计，并由安东尼·尼凯特建造。这个渡槽取代了一座长205米、高9.1米的弧形水坝，它是

1　1979年，梯级船闸改成了单级深闸。

图6-16　赛斯河渡槽

里凯为建造一个平交口而跨河修建的。当这座大坝被拆除并修建渡槽以替代它时，沃班和尼凯特必须恢复长期以来长塘直接从赛斯河获水的供水系统。为此，在米雷佩塞（Mirepeisset）村建造了横跨赛斯河的鲁皮尔（Roupille）分水坝，并从上面开始，通过3000米长的米雷佩塞输水渠将水输送到运河。阶梯形的输水渠沿着陡峭的河岸前行，很快在渡槽西侧注入运河，此处有一个水闸控制。虽然据估计，这个输水渠每24小时可向运河输送44423立方米的水，但这仍不能确保为通过新支线运河到纳巴达的航行提供充足水源，因此建造了兰姆佩水库。

　　距赛斯河渡槽不到2公里的索梅尔是一个真正的运河村，支线运河开通之前这里是纳巴达的运河港口。班轮一度夜泊于此，马车把该区域的产品运来装船外运。虽然这里没有一个接待乘客的大型旅馆，但却让我想起了爱尔兰大运河（Grand Canal of Ireland）上罗伯茨敦（Robertstown）的另一个曾经的邮包港口。小村庄的街道经过那座高高的拱桥跨过水面（图6-17），桥旁是旧港的码头和仓库，现在已经废弃，就像废弃的乡村火车站一样，静静地看着往来交通。就在桥的右边，有一排漂亮的房子，两边都是柏树，与运河堤岸相隔一条绿化带，绿化带内长着随处可见的法桐。我们在春天东行

图6-17　索梅尔运河村的拱桥（钟行明摄，2013年）

时，夜泊于此，把船系于法桐树上，觉得在整个长塘上很少有如此迷人的停泊地。

此处，米迪运河呈西南走向，沿着一直到卡尔卡松的河谷与奥德河逐渐相互靠拢并行，直至运河到达河谷北坡的某处，两者交汇。左边是奥德河的泛洪区，这就解释了为什么旺特纳克、帕拉扎、鲁比阿和阿尔让等村庄都位于运河右岸的高地上。在旺特纳克和帕拉扎之间，米迪运河进行了一次"短途旅行"，这让人想起霍克斯伯里（Hawkesbury）和布朗斯顿（Braunston）之间的牛津运河旧线，米迪运河向上转向雷普德雷支流的河谷侧翼，直到找到一个容易穿过河流的地方，然后沿着河流的另一侧向下折返。在这次改道顶点处，我们停下脚步，爬下陡峭的河岸拍照，并向里凯于1676年建造的"第一座"运河桥（Pont-Canal）致敬，它的单拱跨度达11米。

鲁比阿和阿尔让之间的阿尔让船闸是长塘结束的标志。此后，通往马尔塞莱特的运河上，船闸间的距离极少超过1英里。在阿尔让河外，运河紧临奥德河，以便穿过佩克劳里耶岩下方狭窄的峡谷，这引发了里凯赞同者和反对者之间的争议。仰望运河右侧上方陡峭而摇摇欲坠的山坡，令人惊奇的是，这里却从来没有发生过如罗克马林那样严重的山体滑坡。运河继续与奥德河并行，一离开此处高地后突然折向西，抵达奥格农二级船闸尾部。紧临船闸下方的是奥格农河，以前与运河平交。现在有一处小渡槽（建于1826-1827年），但为防止洪水漫过渡槽灌入运河，起初为保护阿尔让一侧交汇口的防洪闸门得以保留，这就是众所周知的"奥格农护卫"（Garde d'Ognon），是运河上仅存的例子。

同样，过了拥有宽敞码头的翁普（Homps）小镇，临近一处名为"木材加工厂"（Métaierie du Bois）的地方，在朱阿雷斯（Jouarres）船闸和拉雷多尔特之间，这里幸存了一个长长的泄洪堰。该泄洪堰上的纤道位于一系列拱洞之上，这些拱洞与里凯在河流交叉口所设计修建的一样。该堰得以保留以防双银（Argent-Double）河泛滥而涌入运河，双银河在拉雷多尔特通过涵洞从运河之下穿过。

在皮谢里克和马尔塞莱特之间，运河开始通过一系列二级船闸和一个三级船闸逐渐更加陡峭地爬升，直到穿过名为马尔塞莱特的单级船闸后抵达马尔塞莱特闸塘。从船闸向北望去，呈现出一派令人意想不到的壮丽景色，越过马尔塞莱特湖的宽阔地带，远望中央高地，初春我们经过时，那里依然白雪皑皑。直到19世纪初，马尔塞莱特湖仍是一个平均深度为2.7米的巨大浅水湖泊。建议将其排干的第一个方案是1747年提出的，但直到大革命湖泊从它的主人卡拉曼伯爵手中被没收时，这一方案仍没有实施。随后它被出售，条件是买方在四年内将其排空。工程于1804年开始，当时挖了一条主要的排水

图6-18　塞加拉（Le Ségala）处运河峰顶面的洗涤房

渠，以令其在皮伊谢里克汇入奥德河。这一过程中，不得不建造一个新的渡槽穿越运河，被称为"池塘沟渠"（rigole d'étang），正好位于二级船闸——针闸（l'Aiguille）的闸尾。

运河沿线有多处为村庄家庭主妇提供的公共洗涤场所，马尔塞莱特村运河旁是一个很好的例子。有时这种公共洗涤场所可能只是一个供妇女跪在上面拍打衣服的混凝土斜坡，但这里和其他地方一样，不仅有可以遮风挡雨的屋顶，而且还有一个略高于水面的混凝土水槽，她们可以站着洗而不是跪着。然而，她们易于带着某种顾虑注视着过往船只，因为任何过多的水浪冲刷都可能漫过站立的水槽，因此船只在经过这些洗涤场所时必须放慢速度。

马尔塞莱特和特雷布之间9公里长的河段是米迪运河上最美的地方之一。站在右侧城堡的繁密树荫之下，视线越过奥德河谷，远眺黑色的阿拉里克（Alaric）山，如果幸运的话，可以望见比利牛斯山脉更高的静谧天际线。正是在米利佩特（Millepetit）桥和圣朱莉娅（Saint-Julia）桥之间，托湖至图卢兹的米迪运河航程刚好过半。到特雷布的三级船闸底部，9公里长的河段结束，也标志着里凯的第二份契约的结束和第一份合同的开始。

第七章

运河现状之二：从特雷布到图卢兹以及旁支运河

特雷布是多条要道汇合之处。在这里，运河和一条直达贝济耶的次干道（D610）开始与南方铁路干线和横跨法国南部的主干道汇合，两者都从奥德河南岸的纳巴达靠近。看一眼地图就很容易理解，为什么在运河第二段的路线上意见分歧会如此之大，以及为什么里凯最终决定通过保持在奥德河以北的高地上来绕开纳巴达并直接朝贝济耶方向行进，会遭遇到如此多的激烈反对。

然而，一旦通过卡尔卡松，运河、铁路和主干道就相互平行，紧密地沿着弗莱斯克河谷向上朝着瑙鲁兹山口延伸，然后沿着赫兹河谷向下至图卢兹，从而强调了这样一个事实：在运河的第一段，地形决定了运河的路线，这一点无可辩驳。

运河从特雷布三级梯级船闸顶端开始急转弯，穿过小镇中心，行经桥下，桥上是通达贝济耶的繁忙道路，经过废弃的城镇码头，穿过柏树大道，到达奥贝尔河上的渡槽。与赛斯河的情况一样，里凯在水平面上横穿奥贝尔河，导致每次河水泛滥时运河就长期淤积。1686～1687年，安东尼·尼奎特拆除了里凯建造的大坝，代之以沃班设计的现有渡槽。渡槽有三个11.6米的等距跨度，设置在非常宽的桥台之间，桥台和渡槽表面一样，都是精挑细选的，并带有一条粗犷的石头线脚。这种简单而有效的处理方法使其成为比赛斯河渡槽更令人满意的建筑结构。沃班的这两条渡槽，就像里凯的原型雷普德雷一样，都建造得非常庞大，不像大多数英国类似构造的渡槽，它们的侧壁不需要交叉支撑来抵抗向外的水压。当我们停下来拍摄奥贝尔河渡槽的时候，是初春的一个温暖日子，小蜥蜴已经在风化的石头上晒太阳了。这条小河在拱洞下流淌着，几乎没有一点声音，但沙砾滩和散落在河床上的巨大树干提醒我们，它并不总是那么温顺平静。在建造渡槽时，修建了一条0.5英里长、源自奥贝尔河的供水渠道，这样奥贝尔河的水就不会流失到运河了，它在西边大约300码处进入运河。

在特雷布和卡尔卡松之间，奥德河向北绕了一个大圈，结果运河为了保持其在河谷北侧的位置，被迫绕了一个更大的圈，当通过位于维勒迪贝尔特（Villedubert）和利沃

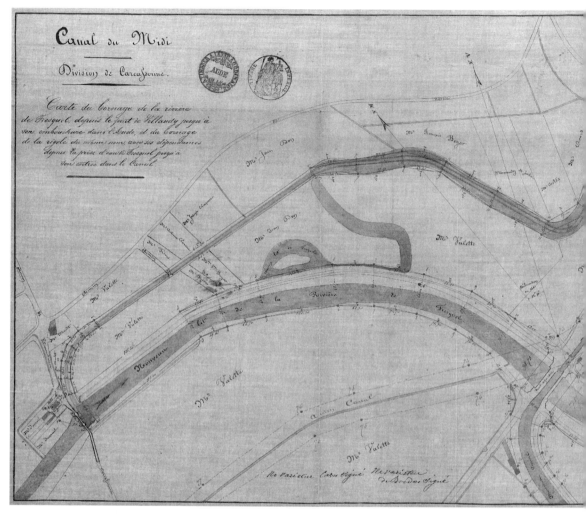

图7-1　弗莱斯克河渡槽总平面图（1851年），法国图卢兹运河档案馆提供

克（l'Evêque）的两个迷人的船闸时抬升。然后运河变直了，在一条林荫大道的尽头，旅行者看到了两个船闸，一个单级船闸后面紧跟着一个二级船闸，这些船闸使运河越过弗莱斯克河。现在的弗莱斯克河渡槽形成了运河第一个主要改道的一部分，远离了里凯最初的路线，是为了服务于卡尔卡松市。经过该市多年的游说，图卢兹议会终于同意在1786年开展这项工作。然而由于大革命，这项工程还没开始就就被推迟了。地方议会解散了，新的革命中央政府最终批准了这项工程，每年从运河收入中拨款20万法郎，以资助这项工作。新渡槽的第一块石头是在1802年铺设的，整个改道工程于1810年竣工并运行。数千名奥地利和普鲁士战俘受雇挖掘河床，总成本估计为220000法郎，负责工程设

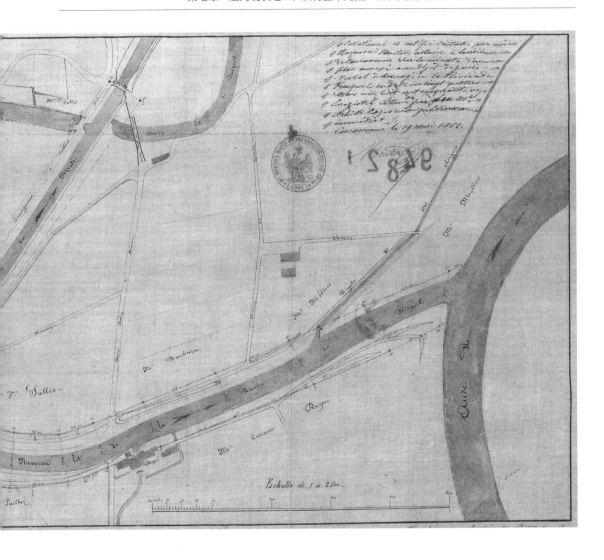

计和实施的工程师们姓名不详。

虽然新运河的总长度只有6公里左右，但它涉及非常繁重的工程，彻底改变了里凯最初的弗莱斯克河交叉口附近的地形，这一交叉口已经消失，尽管它从未有过。这是因为弗莱斯克河是从它的旧河床转移到一条人工河渠，该人工河渠是在它西边的高地上开挖出来的。新渡漕跨过的是这条新渠，当河流改道进入它时，它的一部分旧河道就变成了运河供水系统[1]。在这条供水系统的排水口和奥德河之间，唯一标志着弗莱斯克河旧路

1　这个供水系统连接弗莱斯克船闸下游的运河。

线的是一座古老红桥（Pont Rouge）的单石拱，这座桥曾经横跨弗莱斯克河，但现在却矗立在运河左侧的田野中，高耸而干燥，让过路人感到迷惑不解。里凯的堰和十八拱的纤道桥的所有痕迹都消失了。

里凯运河的初始路线贯穿弗莱斯克河谷。它在卡尔卡松以西1英里处的普利亚利（Pouillariès）分岔，在富科（Foucaud）穿过一个三级梯级船闸，随后在维卢迪（Villaudy）穿过一个二级船闸，并在弗莱斯克单级船闸上方重返当前的路线。换言之，这座单级船闸是一座按原貌重建的船闸，而紧靠其上方的二级船闸，就像其头部的渡槽一样，是卡尔卡松分水工程的一部分。

在贝济耶的奥尔布河渡槽竣工之前，弗莱斯克河上的渡槽是运河上最大的单体工程，运河和道路在渡槽上跨越新河道。三个等宽拱洞的跨度为11.60米，比奥贝尔河渡槽拱洞的跨度略大，比赛斯河渡槽的中心拱小得多，但拱的拱顶高出河面的高度要大得多，这使得这条弗莱斯克河渡槽的结构更加宏伟壮观。女儿墙之下的深檐令人想起位于兰开斯特（Lancaster）的卢恩河（Lune）上的约翰·伦尼（John Rennie）渡槽，它完成

图7-2　弗莱斯克河渡槽（1948年），法国图卢兹运河档案馆提供

于1797年。

过了渡槽之后，运河立即向南急转，绕过右侧的高地直奔卡尔卡松，这片高地将弗莱斯克河谷和奥德河谷隔开。过了圣让（St Jean）单级船闸之后，左边的土地逐渐倾斜，运河旅行者可以欣赏到卡尔卡松城堡的壮丽景色，它是一座古老的城墙包围着的城市，高耸于奥德河南岸高地。或者更确切地说，如果它没有被前景中典型的法国城市电线景观所破坏，那将是一个壮丽的景色。当人们第一次在不远处看到这样的场景时，城堡的幕墙、角楼和塔楼看起来就像摄影棚拍摄的电影一样不可思议。事实上，这样的印象并不算太离谱，因为城堡经常被用作电影背景，而它现在的外观在很大程度上要归功于维奥莱·勒·杜克（Viollet-le-Duc）在19世纪的精心修复。整个夏天，游客像黄蜂围着果酱罐一样蜂拥而至，而这座城墙保护着的古城现在只专注于旅游业。幸运的是，在法国有许多不那么壮观但同样古老的地方，很少有游客光顾，那里的生活一如既往，完全不受旅游业所带来的损害的影响。他们能拥有这种快乐豁免权，至少在一定程度上要归功于像卡尔卡松城堡这样的"五星级景点"的存在。为此，我们应该感谢苦心孤诣的维奥莱·勒·杜克。

这座横跨卡尔卡松船闸尾部的桥上是连接"新"城和火车站的主要街道，这座横跨桥与卡皮斯科桥和卡佩斯唐桥一样，都非常低矮。因为它可以追溯到19世纪初，很明显没有任何的附加沉降，未能提供足够的净空似乎是不可原谅的。然而，在此情况下，圣约翰和卡尔卡松船闸之间的闸室很短，因此可以轻松而迅速地降低水位，以提供这些至关重要的额外少量净空。

紧临船闸上方的是大容量内港和码头，也就是卡尔卡松"港口"，因为它距离"新"城和古城都在步行范围内，所以现在成了一个方便的游艇停泊地。在这个内港的西面，运河立即进入又长又深的河堑，运河借由该河堑通过高地以便重新返回弗莱斯克河谷。在那个年代，这无疑是一次非常艰巨的挖掘。这种短距离的绕行需要花费如此大量的时间、劳力和金钱，也就不足为奇了。这不可避免地引发了这样的猜测：如果卡尔卡松市民设法拿出里凯所需的钱，以便他把运河引到城里，他将如何处理这项工作。他会挖这么深的河堑吗？或者，他会像布林德利在类似境遇下那样，诉诸挖掘隧道吗？似乎没有更容易选择的路线了。

纤道旁一间孤零零的小屋标志着卡尔卡松改道在波利亚雷斯（Pouillariès）的结束，但铁路在这一点上经过运河旁边的堤岸，在这里抹去了里凯旧运河的所有痕迹。然而，从铁路的另一边可以看到大约半英里长的旧运河，福科的旧三级梯级船闸就在主干道交叉口的东边。富科溢洪堰（Epanchoir de Foucaud）的泄洪渠沿着旧运河的路线延伸了一

图7-3　富科溢洪堰和河段养护工的房子，靠近运河原线急剧转向左下的三级梯级船闸和二级船闸的地方，从而避开了卡尔卡松

段距离，直到它转而流入弗莱斯克河。

介于拉兰德、维莱克（Villesèque）和贝泰尔（Béteille）船闸之间的闸塘都像长塘一样曲折，事实上，有些弯道更为剧烈。其中一个弯道位于靠近圣米歇尔（St Michel）小村庄的地方，弯道内侧陡峭的河岸被过往船只掀起的波浪冲刷，形成了一个宽阔的浅滩，为不警觉的航行者设下了陷阱。吃水深的船的舵手如果不能很好地保持在外围，他很容易就发现自己正径直朝着岸边驶去，因为他的船尾陷在软泥里，不肯回舵。这种令人不安的事件在英国运河上经常发生，但在米迪运河上却极为罕见，这归功于它系统的疏浚计划。因此，在这些文字出版之前，这种危险可能已经消失了[1]。

1　不幸的是，在20世纪70年代和80年代，疏浚远远没有系统化，而且随着商业交通的消失，所描述的事故变得越来越频繁。

　　在贝泰尔船闸之后，运河穿过一座被戏称为"魔鬼之桥"（Pont du Diable）的桥梁。这座桥上的道路（现在的D33），是一条古罗马公路，是现在沿河谷北侧的东西向主干道的前身。不久，铁路干线也穿过运河，像古罗马公路一样，向布拉姆（Bram）古镇进发。里凯的运河绕过布拉姆，但是布拉姆的小运河港口建在距离城镇约1英里的地方，此处一条公路穿过运河。它早就废弃了，现在孤零零地矗立着，荒无人烟，只有一个长满青草的小码头，灰色大桥拱洞旁是一座灰色的石头建筑。当我们在那里短暂停留用餐时，我再次强烈地想起了爱尔兰。在我看来，它就像是我很久以前在爱尔兰的大运河和皇家运河上参观过的许多荒凉的运河小港口。

　　运河河道现在变得如此笔直，两边的土地如此平坦，小河与强大的奥德河相比显得如此微不足道，以至于人们没有意识到运河仍然沿着河谷前行。但是，布拉姆桥拱洞上一块不起眼的、高出运河水面约3英尺的铸铁牌匾，揭示了即使是一条法国小河也能做到的事情。它记录了1916年1月弗莱斯克河的洪水水位。在那种情况下，肯定有人担心黑山的大坝和供水系统的安全，因为所有供应里凯山地沟渠的河流都是弗莱斯克河的支流。

　　运河越接近弗莱斯克河的源头，就越需要陡峭地攀升。在布拉姆港和卡斯泰尔诺达里之间的16公里内，共有9个单级船闸，紧随其后的是维维耶（Vivier）三级梯级船闸和盖伊（Gay）二级船闸，直到最后，圣罗奇的四级梯级船闸将旅行者提升到卡斯泰尔诺达里的内港。与丰塞兰内斯一样，圣罗奇梯级船闸的水闸和闸门现在都是电动的，但与前者不同的是，这些水闸和闸门是通过一个位于高高的玻璃墙控制室内的开关面板操作的，控制室可以俯瞰整个梯级船闸。结果，船只以惊人的速度时上时下航行，就好像是在一支超级高效的幽灵船闸看守队的协助下一样。闸门开或关，水闸像被魔力控制一样升降。对于一个老派的运河船夫来说，这一切都令人不安，他宁愿掌控一切，甚至不惜手上长满老茧。

　　大内港真的很壮观，从圣罗奇梯级船闸的顶部闸室驶向这片广阔的水域，是沿运河向西航行的一大亮点。内港南面是一个古老的仓库，据说可以追溯到里凯时代，在这个仓库旁边，英国蓝线游轮公司[1]已经建立了它的基地。就在对面，卡斯泰尔诺达里的老城倒映在静静的水面上，老城房屋的倒影一栋比一栋高地矗立在水面上，几乎完全是从水边升起的。这里不是运河港口，港口位于内港西端高高的拱桥后面。

1　公司现在的名字是Le Boat。

图7-4　大内港及卡斯泰尔诺达里（明信片，1920年），法国图卢兹运河档案馆提供

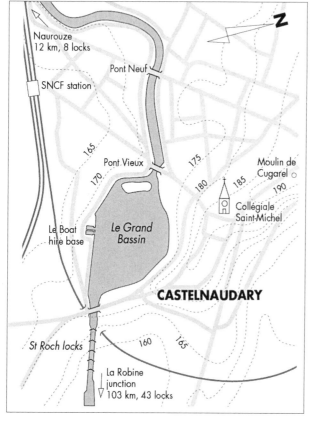

图7-5　运河及大内港与卡斯泰尔诺达里地形的关系

如前所述，内港的目的是充当圣罗奇船闸的蓄水池。打算夜间停泊的过往船只通常沿着老港口的码头墙停放，狭窄的街道从老港口直通城镇。

离开卡斯泰尔诺达里，运河继续向山顶爬升，首先是通过两个单级船闸，然后是通过使运河变得更陡峭的洛朗斯（Laurens）三级梯级船闸和罗克（Roc）二级船闸。从罗克船闸的闸首到最初被称为"梅迪钦（Médecin）船闸"但现在被称为"地中海船闸"（écluse de la Méditerranée）的单级船闸之间不超过1公里，之所以改名是因为它标志了峰顶面的东端。山顶闸塘本身只有5公里长，小村庄塞加拉（le Ségala）坐落在中间位置。像索梅尔一样，它也是一个运河村，它让我想起了罗伯茨敦，尽管在这种情况下，它的存在似乎没有历史原因。塞加拉从来不是一个"班轮港"，但它的情况表明，在马拉船的早期，它可能是一个更方便的过夜停靠点，而不是像卡斯泰尔诺达里那样是一处班轮停靠点。

当接近瑙鲁兹山口时，铁路、运河和主干道汇合，铁路在左手边，公路在右手边。如果不是看一眼置于右侧的瑙鲁兹之石（Stones Naurouze）上的里凯方尖碑，运河旅行者很容易在不知不觉中错过这个历史悠久的地方。因为这条运河在绿树如荫的、浅浅河堑的绿色斜坡之间穿行，而运河的重要动脉，即平原沟渠，也在不显眼的地方汇入。想参观里凯的壮观八角形内港遗址或者磨坊和船闸管理值班室旁的旧船闸遗迹，必须停船上岸，这样做的人将会得到丰厚的回报。人们可能会认为，峰顶闸塘的水，刚刚自黑山而来，应该是清澈透明的，但实际上，虽然它可能足够纯净，却通常并不清澈，并有悬浮泥沙颗粒。

在瑙鲁兹内港遗址外一个平缓的弯道上，可以看到西部峰顶船闸的上闸门。这座船闸最初是以附近的一个村庄命名为蒙特弗尔朗（Montferrand），但现在被称为"海洋船闸"（écluse de l'Océan），因为它标志着朝向大西洋的漫长下降的开始。在峰顶和图卢兹的河口港（Port de l'Embouchure）之间总共有八个单级船闸和八个二级船闸。

在雷纳维尔（Renneville）单级船闸以西约1英里处，在自由城（Villefranche）和加尔杜克（Gardouch）之间，运河形成一个巨大的S形弯道，穿过小河赫兹河的源头，到达赫兹河谷的南边，然后它或多或少地沿着这个河谷直接到达图卢兹。有意思的是，卡斯塔内二级船闸旁边有座古老的磨坊建筑，里凯最初在这里建造了一个侧堰，用于驱动磨坊。卡斯塔内二级船闸是峰顶和图卢兹之间的四个船闸之一，其他三个船闸的均位于图卢兹市，但都没有留下磨坊的遗迹。

一旦越过峰顶面，运河旅行者就会意识到，他已经从地中海气候到了一个更加温和的大西洋气候。这种绿色牧场点缀着耕地的景观更让人想起英格兰，尤其是当靠近图卢

图7-6　瑙鲁兹是来自黑山的供水系统汇入运河峰顶面的的地方

兹时，运河上的砖桥取代了石桥。相反，长闸塘的葡萄园、橄榄树和柏树所构成的亚热带景观以及古老的山顶村庄，在人们的记忆中已渐渐远去，以至于运河旅行者感觉自己就像一个从国外归来的航行者。耕地上只生长玉米而不是小麦或大麦的这一事实提醒了北方人，他已离家很远。

米迪运河环绕着图卢兹古城的东部边界，图卢兹位于米迪运河和加龙河之间，从水面上几乎看不到这座城市，城市的历史可以追溯到19世纪以前。尽管如此，经由运河穿越任何城市，无论是古代的还是现代的，都是一次引人入胜的经历，图卢兹也不例外。令人惊讶的是，即使是几英尺深的静水也能有效地作为现代高压生活的绝缘体。在这座城市的周边直到最近还是绿色的田野，树木夹道的运河穿过图卢兹大学的校园，高耸的现代化建筑耸立两边。由于这条运河在大学和市中心之间不设船闸，一些有胆识的人经营水上往返巴士。

运河堤岸很快就变得建筑林立，而运河桥的远景就像一个连续的拱廊。左边是被称为"圣索维尔港"（Port St Sauveur）的运河内港的入口，入口是开放的。对于那些想参观城市老城区或者里凯墓地——圣艾蒂安大教堂的人来说，圣索维尔港提供了一个比终点河口港更方便的停泊点。穿过另外六座桥后，运河旅行者突然发现自己身处一条宽阔

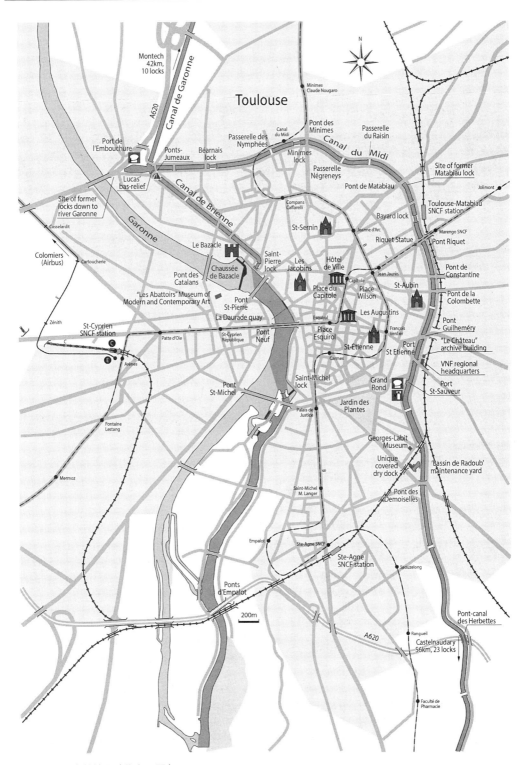

图7-7　图卢兹地图（作者原图）

显示了米迪运河和加龙旁支运河在河口港的交汇以及布里恩纳运河在加龙河圣米歇尔段的船闸。

图7-8　图卢兹的加龙河（19世纪的版画）

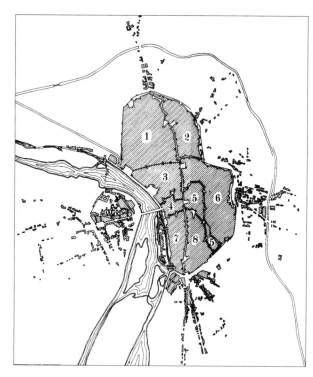

图7-9　图卢兹18世纪的平面图

显示了该镇如何向圣艾蒂安港和圣索维尔港的内港周边的运河扩张（《来自图卢兹：模仿的乐趣》作为《城市》丛书中的一卷，1986年，由马尔达加出版）。

而繁忙的林荫大道中间，右边是南方铁路雄伟的车站大楼，左边是商店和咖啡馆，两边都是繁忙的城市交通。前面是巴亚德二级船闸的闸门，这是四个船闸（两个单级船闸和两个二级船闸）中的第一个，运河通过巴亚德闸门下降到其终点内港。我们到达图卢兹时就在这里停泊了一晚，巴亚德船闸刚刚关闭。在这条基本上都是乡村运河的宁静中度

过了日日夜夜之后，在法国第四大城市
的中心地带，在铺着鹅卵石的码头上停
放着的汽车中间寻找系船桩泊船过夜，
这与之前形成了鲜明的对比。

　　在船闸下降时，令人惊讶的是，里
凯运河夹在一条现代地下通道的两条车
道之间，两条车道都降到比运河更低的
高度，以获得必要的净空。

　　有人说要改变米迪运河原来的路线
以穿过城市，目的是为新的道路让路。
在图卢兹中部待了一晚上后，我们可以
感受到它有严重的交通问题，但希望能
找到一些不怎么过激的解决办法。因为
在任何一个现代化的城市里，一条安静
的水路和舒缓的交通都是无价之宝，不
能轻易地因为汽车而牺牲掉。

　　离开贝亚恩（Béarnais）的最后一个
船闸时，通往河口港的大桥出现在一条

图7-10　图卢兹的巴亚德船闸

原为二级船闸，1970年代中叶改成了可以容纳38米驳船的单
级船闸。

最后笔直、绿树成荫的水路尽头。随着1776年短的圣·皮埃尔运河（Canal St Pierre）
或称为布里恩纳运河（Brienne Canal）的竣工，这条运河流入它旁边紧临的内港，横跨
米迪运河的最后一座桥梁成为以"双桥"（les Ponts Jumeaux）闻名的桥梁之一。两座桥
共用的桥台上有一个巨大的浅浮雕，由雕刻家弗朗索瓦·卢卡斯（François Lucas）在
1775年用大理石雕刻而成，其中的寓言塑像是庆祝里凯的伟大成就。一个代表该省的中
心塑像坐在一艘刻有朗格多克徽标的船只的船头。一个凶猛的、留胡子的家伙在船的左
边，看着更像是海王星神父（Father Neptune）乱放了他的三叉戟，似乎在和右边迷人
的年轻裸体女子眉来眼去。据说这两个塑像分别代表了运河和河流，但平和的运河和未
驯服的野蛮加龙河之间的对比，使得这样的说法非常不恰当，这位雕塑家似乎更倾向于
描绘大西洋和地中海的结合。

　　布里恩纳运河的历史如下。从米迪运河的旧入口闸逆流而上1英里处开始，由于13
世纪修建巴扎克（Bazacle）大坝而关闭了加龙河的进一步航行；大坝长275米，以一条
长长的对角线横跨河流，其目的是为巴扎克第一家著名的磨坊提供水力。在经受了加

图7-11　图卢兹双桥桥台上的浅浮雕（2013年修复，David-Edwards May提供）

龙河几个世纪的暴力之后，这座中世纪的水坝在1709年被一场特大洪水完全冲走了。在一位名叫阿贝尔（Abeille）的工程师的指导下，一座高4.90米、厚21米的新水坝跨河而建。它经受住了1722年和1835年加龙河有史以来最严重的两次洪灾，一直屹立到今天。1768年，朗格多克省在红衣主教洛梅尼·布里恩纳（Loménie de Brienne）的主持下开始修建布里恩纳运河，目的是连接河口港和上加龙河，从而为小型河流船只提供通过巴扎克大坝的途径。1810年3月10日的一项法令将其所有权转让给了米迪运河公司（Compagnie du Canal du Midi），尽管它的交通量逐渐减少并最终停止，但它为旁支运河的工程师提供了一个现成的供水系统，利用巴扎克大坝作为引水堰，尽管有人说要用它的路线新建一条新的道路，可能是将其转换为地下涵洞，但它仍然发挥着非常有效的作用。

　　随着加龙河旁支运河的完工，在双桥上增加了第三座桥。这座桥横跨旁支运河的入口，垂直于米迪运河大桥，并且紧临着它。这种布置在马拉船时代可能非常好，但是随着动力推进船的引入，它变得充满了危险。除非驳船小心翼翼地从两条运河中的一条驶入内港，否则很可能发生雷鸣般的碰撞，并伴随着许多谩骂。从一条运河到另一条运河的转弯是如此之逼仄，以至于船在向一个方向或另一个方向行驶之前，通常先进入内港并在那里转弯。

　　旁支运河实际上是米迪运河的近代延伸。据说，修建一条可以绕过动荡的加龙河的运河的想法是皮埃尔·保罗·里凯首先提出的。随后，包括沃班在内的其他工程师，以及18世纪朗格多克公共工程总监、兰姆佩大坝设计师加里普伊都支持这一建议，但都什么也没做，最终负责把项目启动的人是公路和桥梁分区督察鲍德雷（Baudré）。负责运河设计和施工的工程师的姓名似乎没有记录在案，但鲍德雷可能负责原始勘测和合同图纸，因为正是由于他的倡议，一家私营公司大约于1830年成功提交了施工投标书。然而，在这家公司两次破产后，政府于1838年收购了这些未完成的工程，并在他们自己的工程师的监督下完成了这些工程。

　　1850年开通从图卢兹到阿让段运河，而第二段，即从阿让到运河与潮汐加龙河在卡斯泰昂-多尔特的交汇处，则于1856年竣工。全长193公里，有53个下降船闸，包括卡斯泰昂的两个潮汐闸，运河上没有梯级船闸或二级船闸。闸室是正常的矩形模式，最初建造时闸门之间相距30.50米，宽6米，没有平衡梁和支架操作的闸门与现在米迪运河上使用的闸门是相同类型的。这可能首先是为旁支运河而发展的，后来证明是成功的，因为现存的旧设计的闸门需要更换而引入米迪运河。船闸小屋上的名称和距离铸铁牌匾与米迪运河上的一样吸引人，只是在这里，由于运河工程师和负责它们的铸造厂之间的一个不幸误会，即这些小屋建在运河的哪一侧，从而导致一些距离数字被颠倒了。

布里恩纳运河向旁支运河供水，一直到阿让，供水使船闸旁的侧堰有相当大的运行动力，其中许多侧堰驱动小型水力发电机组。由于这些侧堰的进出口布局不佳，与运河成直角，即使是相当重的船只在减速进入船闸时也容易偏离航道，可能是由于堰头的拉力，也可能是由于其在船尾的出口造成的横流。这使得进入船闸时很难不撞击闸门或侧墙，使用运河的游船应该装备好的护舷。

该运河河道的宽度和深度略大于米迪运河的河道，该运河河道水面宽18米，底部宽11.5米，允许吃水1.8米。净空的官方数字为3.30米，但大多数跨线桥允许的净空远远超过这一数值，不是拱桥，而是钢筋混凝土结构的单一弓弦跨度，这显然发生在运河建成之后。

一个离开米迪运河去旁支运河的旅行者的第一反应几乎是一种幻灭，并伴随着一种强烈的愿望，那就是改变航向并沿来路返回。对于一段比从图卢兹到卡斯特尔萨拉桑（Castelsarrasin）的前56公里更枯燥无味的水域来说，这是很难想象的。与米迪运河的蜿蜒曲折形成鲜明对比的是，它像罗马公路一样笔直地穿过平坦而无特色的乡村地区，大部分都与主干道和铁路线紧密相伴。尽管加龙河在其南边不远处，但却看不见加龙河，唯一值得注意的是位于蒙泰什（Montech）的蒙托邦（Montauban）支流与旁支运河的交汇处。这条支线全长11公里，从主线上降下共有10个船闸[1]，于1843年开通，最初在蒙托邦与塔恩河（River Tarn）交汇。开通后不久，开始运营蒙托邦和图卢兹之间的班轮服务。尽管线路上有很多船闸，但这显然是成功地与公路长途客车进行了竞争。与塔恩河的交汇处现在已经停止了，但是那些想参观这座拥有14世纪壮丽大桥的古镇的人，仍然可以转向旁边进入支流，在一个荒芜的终点内港停泊。

正是在经过卡斯特尔萨拉桑之后，旁支运河突然戏剧性地改变了它的特性，此后它的吸引力很少减退。从一个浅河堑出来后，旅行者突然发现自己正在高于塔恩河上的一条13跨的宏伟渡槽上航行。左边是一个堰，堰旁边是旧塔恩河航线废弃的船闸之一。右边，图卢兹和波尔多之间的铁路干线通过一座长桥横跨这条河，这座长桥取代了一座被1930年的一场大洪水完全冲毁的桥。即使铁路桥的残骸被冲到渡槽上面时，渡槽也屹立不倒，这是对运河工程师的一种敬意。更值得注意的是，工程师们决定在铁路桥重建期间，将渡槽用作临时铁路道口。渡槽上方的航道足够宽，可临时拓宽纤道，以容纳一条铁路线，在这项工作完成后，运河关闭了6周。两个单行支线，每个1英里长，把这个临

---

1   最后一个是降到塔恩河的二级船闸，2005年修缮后通航。

时的交叉口和支离破碎的干线连接起来。此后，渡槽承载了两年的铁路和运河交通，直到现在的铁路桥开通。尽管火车在渡槽上的移动仅限于步行速度，但值得注意的是，渡槽承受了如此长时间的额外偏心滚动荷载，而没有受到丝毫损坏。

到目前为止，运河一直是西北方向的，但一旦穿过塔恩河，它就会急剧向西转向，通过三个船闸进入河谷，穿过美丽的河边小镇穆瓦萨克。从穆瓦萨克船闸出发，前面的景色异常美丽，运河穿过平顺的倾斜草堤，两侧是小镇的老建筑，现在在上面可以俯瞰一条静水街道。紧靠船闸的下方，一个废弃的二级船闸[1]通向左侧，与河流汇合。有人认为，运河的修建一定给穆瓦萨克的居民带来了和今天新高速公路的出现一样多的恐慌，因为它实际上把这个城镇一分为二。在大约数百码的距离内，这条运河从挡土墙之间穿过，一直延伸到曾经是该镇宽阔的主要街道的中心，两边留下的两条狭窄干道通过桥梁管理员操作的平转桥连接起来。但至少运河工程师没有像铁路工程师那样，威胁着穆瓦萨克古老的圣彼得修道院教堂及其回廊的存在。非常幸运的是，这一威胁得以避免，法国最优秀的罗马式建筑范例之一有所缓解。穆瓦萨克之所以成为两条相互竞争的运输路线的目标，是因为这座城市完全占据了塔恩河和陡峭山坡之间的狭长地带，而这里的山坡将河谷包围，使其向北。

穆瓦萨克的对面就是塔恩河和加龙河的交汇处，此后大约1英里，向北的山脉迫使运河、铁路和公路紧靠加龙河边。然后在马洛斯（Malause）村，山丘向北倾斜，河流向南倾斜，三条运输路线可以自由地向西北方向呈现扇形展开，穿过阿让方向平坦而宜人的乡村。

穆瓦萨克和阿让相距43公里。运河蜿蜒于无尽的玉米地之间，并且为了水运粮食，曾经在这些田地中间建立了一个全新的运河港口和一个仓库，仓库里面有巨大的筒仓。阿让是图卢兹以西旁支运河上最大的人口中心，但即使在最好的时候，它也不是一个特别有趣或有吸引力的城市，运河像一条防御护城河一样绕到它的北面，只是沿着城市后院的边缘流淌。从运河到市中心最快的方法是穿越一条横跨大型铁路编组站的长长的钢制人行天桥。一切都很令人沮丧，但是旁支运河似乎有一种方法，当旅行者在开始疲乏的时候，让他们精神为之一振。运河沿着城市的西面蜿蜒而行，突然在第二壮丽的砖石渡槽上跨过宽阔的加龙河，这个渡槽甚至比塔恩河上的还要大，超过四分之一英里长（539米）。这些塔恩河和加龙河上的渡槽，无疑是地中海和大西洋之间水路上最伟大的

1　这对梯级闸，就像后来在巴伊斯河畔比泽（Buzet sur Baïse）提到的那样，已经修复，让船只可以进入塔恩河。

图7-12　阿让渡槽（John Riddel摄）

土木工程。槽底由铸铁板制成，嵌入侧墙和桥台的砌体中。这是托马斯·特尔福德在设计使埃尔斯米尔运河（Ellesmere Canal）在奇克（Chirk）跨越塞里奥格河（Ceiriog）的渡槽时所采用的方法，该渡槽于1801年竣工。在使用铸铁建造运河的过程中，英国工程师无疑是世界领先的，有意思的是，可以推测是否有人借用了旁支运河工程师的想法。如果有的话，这对里凯和他的工程师通过范例所教给世人的一切来说是公平的交换。

　　尽管主要公路和铁路线继续沿着阿让以西的加龙河北岸延伸，但只要看一眼该地区的地图，就足以揭示运河工程师为何选择在此处过河。因为此处北面的山丘像在穆瓦萨克一样从河中陡然升起，而南面的谷底在下游许多英里都更宽。运河通过由四个船闸组成的梯级船闸下降至谷底，第一个船闸是阿让船闸，位于渡槽南端的正上方。这是运河上最后的梯级船闸，在至卡斯泰昂的剩余距离中，闸是单独的，间隔很大，除了刚过支流巴伊斯河（Baïse）上的小渡槽之后的一对船闸。就在这个四级梯级船闸的底部，桥的另一边，有一条河渠从左边流入，这条河渠来自博勒加尔（Beauregard）引水堰注入的河流。从图卢兹开始到此处共111公里，这段运河完全依赖布里恩纳运河供水。像布里恩纳运河一样，这条阿让河供水系统曾经是通航的，通过防洪闸与河流沟通。[1]

1　从那时起，供水系统就已填满，并在布拉（Brax）的加龙河上以泵站的形式提供了替代水源。

　　就在小村庄巴伊斯河畔比泽（Buzet-sur-Baïse）之前，运河和加龙河之间又有了一次沟通。这里有两个船闸从运河通往低处的巴伊斯河，巴伊斯河以前可以从与加龙河的交汇处向上通航，一直到运河南边的小镇维昂（Vianne）、拉瓦达克（Lavardac）、内拉克（Nérac）和孔东（Condom）。在这里，和图卢兹之后的第一段一样，闸塘又长又直，但不同的是，这里的风景现在是一派郊野风光，绿树如荫，点缀着许多小村庄，所以旅途永远不会变得单调乏味。然而，一直南行的高地逐渐地开始汇合，迫使运河与加龙河更加紧密，直到在拉格吕埃尔（Lagruère）小村庄和勒马斯-达日奈（Le Mas-d'Agenais）村之间，沿着加龙河正上方的陡峭河岸形成梯田。然后，加龙河向北蜿蜒，再次出现在科蒙（Caumont），而且最壮观的是在加龙河畔梅扬（Meilhan-sur-Garonne）。在这里，这个村庄的古老房屋和陡峭蜿蜒的街道险峻地依附在运河和加龙河正上方的陡坡上。为了让梅扬仍能成为"加龙河畔"（sur Garonne），工程师们深思熟虑地在运河下面修建了一条小隧道，为村民们提供通往下面河流的通道。梅扬有河畔咖啡馆和餐厅，是一个非常美丽的地方，只有它才让人有理由从图卢兹出发穿过那些枯燥无味的数英里水域。

图7-13　连接旁支运河和巴伊斯河的巴伊斯河畔比泽船闸

图7-14　从梅扬看旁支运河和加龙河

　　从这段旁支运河对加龙河的一瞥，更加让人惊叹于曾航行于其上的人们的技巧和勇气。我在九月份看到这条河流时，它是一条浅而湍急的小溪。尽管它的容量很大，但与宽阔的河床和它蜿蜒穿过的巨大砾石浅滩相比，它仍旧显得相形见绌。然而，在勒马斯-达日奈的一个洪水测量仪让人毫不怀疑，如果这个沉睡的巨人尝试的话，它能做些什么，因为最高水位几乎与运河持平。

　　从梅扬到卡斯泰昂-多尔特的运河全长16公里，有5个船闸，不包括卡斯泰昂本身的船闸，运河在卡斯泰昂-多尔特与潮汐加龙河交汇并结束。梅扬的一座陡峭小山在卡斯泰昂已变成一座悬崖，城堡和村庄就坐落在悬崖边，俯瞰着一条通向运河的狭长绿色地带，运河在此处变宽成为一个内港，再往前延伸到宽阔的潮汐河。在内港的西端是两个潮汐闸，从这些闸到波尔多的皮埃尔桥（Pont de Pierre）有56公里，并形成了内河和海上航行的官方分界线。

虽然从理论上说，这段河流在任何潮汐状态下都可以通航吃水2米深的船只，但是在朗贡（Langon）和卡斯泰昂之间的河流上游有许多岩石斜坡，据说在最低潮时，深度只有1.10米。出于这个原因，再加上河里的水流一直很急的事实，船只通常在涨水前四五个小时离开波尔多，以便随潮水到达卡斯泰昂。同样地，向下游行进的船只在退潮时移动。深水航道变来变去，没有浮标，也没有任何标记，因此，新手航行时通常会非常明智地紧随商业船只。

仅在这段河上，就有一定数量的载重800吨的大型自航驳船在作业，其中一些驳船运载从河床中挖出的沙子或砾石，另一些则运载碳氢化合物，为波尔多地区的船只和坦克提供燃料。但是运河提供了大部分的交通，陌生人很可能想知道为什么它的建造者没有把旁支运河一直延伸到波尔多。之所以有这样的疑问是因为，虽然这条潮汐河流对专业船工来说没有任何威胁，但它仍然是一条危险的通道，几乎没有允许差错或机械故障的余地。此外，如前所述，必须为运河船只配备比仅在静水中工作时更大、更强劲的发动机。

我们现在已经遍历了这条巨大的内河航道，从地中海沿岸风平浪静的蓝色托湖水域，到被强大的大西洋潮汐冲刷的河口。我们注意到，一路上里凯的几代后继工程师对它所做的各种改进。除了一个例外，这些继任者都是在细节上有所改进，这并不是贬低他们。这个例外是旁支运河，但即使在这里，如果传说是真的，那么最初的构想也是里凯的。至于米迪运河本身，它当然是非凡的，在近300年后它仍然保持其商业功能没有实质性变化。最值得一提的是，它的关键点，即里凯天才的杰作——来自索尔河和黑山的供水系统，仍然按照他的计划准确地运行，并且仍然足以满足今天的需要。要不是这样，两个海洋之间就没有航行了。

未来会怎样？希望最终重建和现代化从加龙河到罗讷河的整个运河路线，使其能够通行350吨载重量的驳船，这是欧洲内河航道的最低标准规模。这项计划包括将水深增加到2.60米，并将船闸的长度从目前的30.50米增加到38.50米。到目前为止，只有加龙旁支运河的扩建得到批准，卡斯泰昂和阿让之间的船闸已经加长。与此现代化相关的是，位于阿让渡槽正西侧处的四个船闸已转换为油液操作，该操作由船闸侧舱的控制台进行电控。然而，具有讽刺意味的是，当我们经过这些船闸时，我们发现停电了，我们不得不使用紧急人工操作，这被证明是极其缓慢和乏味的。

为了能在这段新的卡斯泰昂-阿让（Castets-Agen）河上航行，一些现有的驳船已经加长，是通过把船切割成两半，然后插入一个新船体中央部分来完成的。其中一些（如果不是全部的话）船体中央部分是通过在塞特港切割旧驳船来提供的，许多即将加长的驳船已通过了米迪运河，将其后加的部分置于前面推行。

图7-15　卡斯泰昂-多尔特：旁支运河汇入加龙河

　　扩大阿让和图卢兹之间的第二段旁支运河的工作已经很先进了，其中包括一个所有内河航运倡导者都非常感兴趣的试验项目。这就是所谓的"水坡式升船设施"，当它在1972年年底完成时，希望可以绕过蒙泰什已有的五座船闸。这是一个古老的想法，其目前的形式源自桥梁和堤道总检察长让·奥伯特（Jean Aubert）。1967年在里昂附近的维尼西厄（Vénissieux）建造了1∶10的模型，其结果足以证明在蒙泰什进行的第二次全尺寸试验是正确的。有必要强调"试验"一词，否则，仅仅为了取代五个单级船闸构成的梯级船闸而构建这样的改造在商业上几乎是不合理的。

　　水坡式升船设施本身由一个倾斜的直线混凝土槽组成，连接运河上下游的两个闸塘，上游闸塘的水由一个速动闸门（stop-gate）限制。驳船漂浮在一个三角"楔形"水的末端，三角"楔形"水被一个移动的水坝推上斜坡，这个水坝称为"挡板"，它就像

一个巨大的推土机铲刀。有了这个挡板，在斜坡的顶部，水就会形成一个平面，因而就可以为往来于水坡式升船设施的交通通道打开速动闸门。

使用两台1000马力的内燃电力机车来推动位于蒙泰什的挡板。这些将安装在巨大的充气轮胎上，并在水坡式升船设施两侧的混凝土轨道上运行，其模型是巴黎地铁上的橡胶轮列车。蒙泰什水坡式升船设施的水平长度为443米，克服水位高差为13.3米，水坡比降为3%。

确定比降的两个关键因素是挡板上的最大水压和使用斜坡的驳船尺寸。因为很明显，要推进的"楔形"水的大小和重量取决于必须漂浮在其上的船只长度和满载吃水。

同样明显的是，如果想要避免过度失水，槽的横截面轮廓必须准确，并且围绕挡板的密封必须有效。据了解，使用了合成橡胶辊进行密封。目前还不知道，采取了哪些措

图7-16　蒙泰什水坡式升船设施，1974年试验期间的鸟瞰图

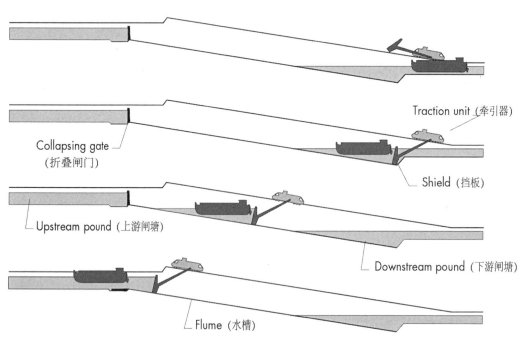

图7-17　驳船向上游航行的操作周期示意图

施来消除冬季可能出现的结冰困难。

这两辆机车将于1972年8月期间交付蒙泰什，这意味着如果一切顺利，水坡式升船设施的第一次全面试验应该远远早于这些文字的出版，所有内河航运倡导者都在饶有兴趣地等待着结果。

据设想，当米迪运河增扩时，许多急弯，特别是著名的长塘，将不得不裁弯取直。船闸的加长将涉及用更少且更深的闸室取代现有的二级船闸和梯级船闸。这自然会引起一个问题，即里凯的供水系统是否足以满足扩建后的运河的需要，以及是否必须增加峰顶供水。答案是法国的电力成本如此之低，以至于目前的工程观点认为，用电力泵抽回渗水的成本低于提供和维护复杂的重力供水系统的成本。不管这看起来多么合乎逻辑，回想起阿让船闸的电力故障，人们不禁怀疑，让一条内河航道的有效运行完全依赖于远程供电是否明智。

虽然米迪运河现代化建设的资金尚未得到批准，但我们似乎可能是最后一代看到它处于初始状态的人，我作为其中一员，何其幸哉！因为尽管我们今天看到的运河在很大程度上要归功于法国几代工程师的努力，从17世纪的沃班、尼奎特，到19世纪50年代的马格斯和西蒙诺，但所有这些继任者都从中看到了皮埃尔·保罗·里凯的独特才华，并试图效仿。他们立志使自己的作品配得上这位天才人物，赋予这些作品同样的永恒和不朽的宏伟品质。因此，产生了整体的统一性，它完全可以被看作是一个主持者一以贯之的思想，这种思想决定了米迪运河不应该仅仅是一项伟大的工程壮举。幸亏路易十四给予里凯和他的继承人独一无二的特权，他特意着手创造一个用现代规划师的术语称之为"线性公园"的东西；运河将成为里凯庄园，他没有失去美化它的机会。因此，无论资金如何紧张，无论工程问题多么棘手，都不允许凌驾于对景观或建筑的审美判断之上。因此，里凯的大运河成了一个时代有说服力的纪念物，在这个时代，艺术与科学、优美与实用的结合被视为是理所当然的，而它们的分离则是不可思议的。

希望米迪运河的现代主义者会尊重它的历史意义，努力使他们的工作配得上它，但这并不是说我反对这样的现代化。因为人类所做的一切事情，迟早面临要么继续存在，要么不再起作用的时刻，那就是创造的目的。当面临此刻时，它要么必须作为一件博物馆文物进行防腐处理，要么加以改造以达到不同的目的，要么加以修改以使它能够继续发挥其原有的功能。无论如何，变化是不可避免的。从我所了解到的皮埃尔·保罗·里凯的性格来看，如果面对运河未来的这三种选择，我确信我知道他更喜欢哪一种。

图7-18　图卢兹市在阿雷斯让·焦雷（Allées Jean-Jaurés）街道尽头竖立的里凯塑像（靠近巴亚德船闸，见图卢兹平面图）

第八章

余论：衰落与复兴（1974～2020年）

20世纪70年代初，罗尔特沿运河的旅行预示着一个时代的结束。经过近300年的货物运输商业运营，米迪运河很快被剩下的140吨驳船抛弃，取而代之的是租用船只、酒店驳船和私人船只。如果罗尔特今天要去观察运河，他无疑会表达对过去时代的怀念。从衰落的交通基础设施到世界遗产地和受欢迎的划船、骑行和步行度假目的地的转变是缓慢而复杂的。

罗尔特和妻子索尼娅的航行是在1968年图卢兹建立第一个租船基地后不久进行的，他们遇到了载有140吨葡萄酒、谷物甚至石油产品的驳船。在经历了货运几乎完全从英国运河系统消失之后，罗尔特欣喜地看到了运河的常规使用，他认为这是英国运河系统的一个例子。他饶有兴趣地观察正在进行的改造工程，该工程可使在法国其余运河系统运行的38.50米长的驳船航行。此时蒙泰什水坡升船设施正在建设中，就在罗尔特的创作灵感不幸结束的两个月后即将启用。他于1974年5月死于肺部感染，享年64岁。

前几章的描述，令人钦佩地抓住了1970年代运河的特性和用途的模糊性：是为了更好地服务于运输而需要改进的交通大动脉？还是为了保护和发展旅游的文化和工业遗产？这种模棱两可的情况将持续多年。

交通部在20世纪60年代中期决定，开始为38.50米的驳船路线升级。工程始于1969年，这一年加龙旁支运河上的一些船闸已经加长了10米。在第一阶段之后，委托进行了一项经济研究。这是为了确认合乎情理的后续行动的可行性，包括对米迪运河船闸进行类似的现代化改造和加长。这项发表于1975年的研究发现了驳船运输的巨大市场，特别是将法国西南部剩余的粮食产品运往波尔多和地中海港口。碳氢化合物燃料和葡萄酒运输，似乎也有长远的前景。该研究的作者估计，如果运河的驳船尺寸升级到250吨，则潜在运输量为150万吨；如果容量增加到350吨，潜在运输量为240万吨[1]。

---

1 350吨容量相当于欧洲水道分类要求的最小尺寸（I级）。

　　这些结论支持了多年来大西洋——地中海航道现代化运动者的主张。然而，交通预算决策者谨慎地判断了乐观的交通预测。

　　这件事是由所罗门式的判决解决的，因为决定只对米迪运河的两段进行现代化改造。向西，图卢兹和巴济耶日（Baziège）之间28公里距离内的所有船闸都将加长，而向东的目标是允许38米驳船在罗讷河和塞特河之间直至长塘进行贸易，并从那里沿纳巴达支线到达拉努韦勒港。

　　东段的现代化带来了如何克服丰塞兰内斯13.60米水位差的问题，因为即使里凯建造的八个船闸的阶梯得到进一步改造，减少单个深度更大的闸室数量，从而在相同距离上爬上13.60米，这种解决方案也会有两个缺点：一是浪费更多的水；二是相较于基于克服水位差的单一运动的解决方案，它会使驳船延迟。

　　1980年，一个令人惊讶的决定是建造第二个水坡式升船设施，据说是利用蒙泰什试验的经验教训来改进其设计和效率。事后看来，人们不得不怀疑这一决定的正当性。即使是单艘250吨的驳船，水坡机械也必须设计成能移动近1500吨的重量。想象一下，这头猛犸象需要转移两万吨水，携带176米×12米的推拖（push-tow），这是法国规划的新航道的既定目标。水坡式升船设施的独创性和操作的简单性无疑给航道观察家留下了深刻的印象，但专家媒体的分析和比较所形成的共识仍然坚定地支持采用传统的、更环保的解决方案，即使用带节水池的深闸、垂直升降机，或者有平衡物的斜面。对于1992年开通的多瑙河干流运河，德国水路工程师暂时放弃了以前采用垂直升降的解决方案，转而采用带有节水池的单级深闸。

　　决策者可能受到商业因素的影响，也可能受到中国设计或建造水坡式升船设施前景的影响，中国代表团频繁访问蒙泰什使这种前景具有一定的可信度。

　　不管是什么原因，都采用了水坡式升船设施，并对蒙泰什原型进行了一些改进。首先，牵引装置从零开始设计，使其结构更加令人满意，每个车轮都由电动机驱动，因此比柴油机更经济、更安静。其次，将坡度提高到5%，减少了移水量，节约了能源消耗。最后，纵梁被合并在一起，连接到牵引装置的底盘上，并支撑系船柱，从而使驳船，特别是船只更容易系泊。因此，可以同时向上或向下移动数艘船，而在蒙泰什，由于没有任何纵向系泊设施，禁止船只使用水坡升船设施。

　　水坡式升船技术在1984年5月开始试运行几周后，遭遇严重挫折。两辆租来的游艇上，一群德国游客正沿着斜坡向贝济耶方向驶去。我们可以轻而易举地想象他们对这一技术奇迹的钦佩。故障发生时，水楔下行到斜坡约四分之一处。液压控制回路的漏油在混凝土轨道上留下了黏性的水坑，从而导致巨大的橡胶轮胎开始旋转，机器在自重的作用下不可阻挡地向下倾斜，在船上的机组人员和目瞪口呆的操作人员中都引起了一点颠簸和一些可以理解的惊恐。这一事故无助于推动水坡式升船技术的发展，也无助于米迪运河驳船运输的发展，第二次世界大战以来，这条运河的运输量持续下降，在这条蜿蜒小运河上维持水运的最后挣扎注定要失败。

从错误的决定对米迪运河进行现代化改造到1986年丰塞兰内斯水坡式升船设施投入使用的10年期间，许多行业为容纳38米长的驳船而进行的投资仍然没有使用，公路运输运营商实行的极低运价有效地阻止了驳船运输，尽管一些谷物驳船和葡萄酒驳船直到1985年左右还继续使用运河。20世纪90年代中期，加龙旁支运河上仍有少数38米长的驳船少量运输粮食和石油产品。1989～1990年进行的另一项研究导致现代化方案的终止[1]。随后，那些关心保护里凯遗产的人们得到保证，巴济耶日和阿尔让之间至少124公里的河段将躲过钢筋混凝土移植，而钢筋混凝土移植是其他河段船闸的特征。然而，它仍然是为了确保运河的未来，并证明其所有其他用途的修复、维护和运营的费用是合理的。

这些其他功能继续发展，并没有等待运河管理的阐明。因此，尽管货物运输已消亡，大西洋到地中海的航道仍然宣称其作为旅游资源和乘船游览路线的使命。以前装载的粮食、葡萄酒和建筑材料，现在被每年运送数千名游客的租用游艇所取代的事实代表着方向的改变，但并不会质疑运河作为一条运输路线的用途。

另一个对运河所服务地区的经济同样重要的功能是为灌溉网络供水，运河是这些网络的输水渠道，在过去50年中，通过在密内瓦（Minervois）和洛拉盖谷类种植平原扩大喷灌系统，这些网络的需求显著增长。来自黑山的供水系统仍然是现代供水网络的大动脉，这一现代供水网络利用远至比利牛斯山麓的资源，这是对里凯天才的永恒致敬。据估计，这条运河及其供水系统直接或间接地为大约35000公顷农田的灌溉作出了贡献。由于通过一条管道从赫兹河上游巨大的蒙特贝（Montbel）水库向甘吉斯（Ganguise）水库提供额外的供水，像1989—1991年发生的干旱问题现在得到了解决。在那几年里，运河的峰顶部分必须关闭通航，所有的闸塘都要降低以减少渗漏。

最后，人们认为，运河作为遗产的重要性应得到国内外的认可。新的国家水路管理机构——法国航道管理局（Voies Navigables de France，VNF）于1992年获批，率先向联合国教科文组织（UNESCO）提交了一份将运河申报为世界遗产的申请书。这份档案，包括这本书的一些内容，是由法国政府的三位部长（内政、交通和环境）于1995年

1　余论作者必须对这一结论承担部分责任，因为他参与了"成为两海运河"（Devenir du Canal des Deux Mers）的研究。

图8-1　贝济耶废弃的运河支流上的圣母院船闸

尽管今天米迪运河的保护和发展的前途一片光明，但如在贝济耶一样，直到最近，人们对里凯的遗产关注都很少。1980年代，在圣母院船闸和丰塞兰内斯梯级船闸之间，在一条有涵洞的堤岸上横跨运河新修了一条道路（背景中可见），结果是难以再次看到船只向下航行进入奥尔布河停泊在老镇的场景。

9月签署的。1996年12月，申请获得成功，米迪运河成为第一条被列入世界文化遗产的运河。

　　尽管运河的这些休闲功能有效地取代了驳船运输，但多年来前景依然黯淡。由于部长级预算限制、航道工作人员削减和不受控制地发展一种对堤岸来说可能比驳船货运更具侵略性的航行方式的综合影响，运河及其结构急剧恶化。丰塞兰内斯梯级船闸每年要通过近10000艘船。衰落的程度如此之大，以至于三个对此负责的大区以及公共工程和运输部在1990年代初讨论的问题是，如何以相当于4000万欧元的费用"拯救"米迪运河和加龙运河。

　　这项支出计划是1994年商定的，它代表了法国航道管理局（VNF）关注焦点的变化及其投资政策的调整，在此之前基本上是面向法国和莱茵河流域之间的大容量航道连接线，而之后不那么重要的商业和休闲航道将不会被遗弃。

VNF承诺在1994～1998年五年期间投资9900万法郎，而这三个区将贡献5500万法郎，其他地方当局（地区和社区）5500万法郎，国家和欧盟总计5600万法郎。

这项工程计划首先涉及结构维修（船闸、渡槽、堰和马尔帕斯隧道）和堤岸加固，但也有相当一部分用于将运河开发为旅游资源和遗产计划。即使是货运也会受益于这些改进并开拓新市场，这要归功于某些运输的补贴运费，例如洛特加龙省（Lot et Garonne）和波尔多之间的谷物；或者归功于可能产生新运输的新投资，例如图卢兹西北部正在开发的多式联运平台。

大西洋至地中海水路的重要性和强度的新证明，来自20世纪20年代之前服务于整个加龙河流域的渠化河流网络的逐步恢复。被废弃了60多年，加龙河的几个支流——洛特河、巴伊斯河、塔恩河、多尔多涅河（Dordogne）、伊勒河（Isle）和德罗河（Dropt）的航运结构，代表着在所有这些地区旅游业的巨大潜力，船只的重新出现和它们引发的所有活动都为这些地区注入了新的活力。

巴伊斯河过去是一条令人震惊的水道，是加龙河的一条左岸渠化小支流，经过87公里的距离，在圣让普特格（Saint-Jean-Poutge）进入热尔（Gers）省乡村地区的中心。该省和旁支运河横穿的洛特—加龙省，在通往弗拉恩（Flaran）早期哥特式西多会修道院的65公里的距离内分阶段恢复了航行，该修道院是朝圣者前往孔波斯特拉的圣詹姆斯（St-James-of-Compostella）路线上的一座非凡的纪念碑和历史性的停留点。从该地区加龙运河的几个基地租来的船只在巴伊斯河上游弋，在乡村码头上停泊，让人想起了米迪运河的小运河内港：维昂的设防城镇或堡垒，拉瓦达克和巴尔巴斯特（Barbaste）的村庄，以及亨利四世在城堡里居住了几年、离他故乡贝阿恩（Béarn）不远处的内拉克镇。

阿基坦（Aquitaine）大区的通航网络从加龙河向东也已开通，允许船只沿着洛特河游弋，洛特河于19世纪渠化，全长不少于275公里。2001年，法国电力公司（Electricité de France）在卡斯泰尔莫隆（Castelmoron）修建了10米高的大型水电站大坝，2005年在洛特河畔维勒纳夫（Villeneuve-sur-Lot）建成13米高的大型水电站大坝，并新建深船闸以绕过大坝，这是法国第一批专门为旅游船建造的此类船闸。计划最终与洛特河在1990—2000年恢复通航的75公里河段连接起来，以艰巨的工程为代价，又通过两个水力发电方案，分别在菲梅勒（Fumel）和吕泽克（Luzech）。在吕泽克至拉尔纳戈（Larnagol）段上方，尽管洪水泛滥，该段已成为一个非常受欢迎的游轮目的地，进一步计划修复到代卡泽维尔（Decazeville）地区，绕过卡雅克（Cajarc）的第五座大坝，该地区以前的矿山由航道提供服务。书中的法国南部航道的折叠地图显示了这些大坝，以及所有其他需要修复的船闸。

图8-2　加龙河挖取沙砾所用驳船

在圣勒格尔（Saint-Léger）巴伊斯河的交汇处可以看到从加龙河挖取沙砾所用的驳船。这项活动现已停止，以防止河床和环境进一步退化。尽管如此，该河段的限定工程需要驳船进入桥梁下游4公里处的洛特河。

　　看似离题，事实上是对米迪运河起源的回归。最初，里凯的目标是在连接海洋之前，通过连接河流为朗格多克省的经济服务。旅游业带来的好处，不仅仅是需要彻底重新评估法国南部完整的航道网的潜在作用。里凯和所有那些创造并改进了这个航道网的工程师们的遗产，在铁路带来致命打击之前持续了两个世纪，现在重获新生。

　　通过观察洛特河和巴伊斯河修复计划的成功，以及米迪运河和加龙运河在最终获得确保其生存和发展所需的财政承诺方面取得的胜利，我们可以衡量1946年在英国发起的航道运动所走过的漫漫长路[1]。为了避免破坏或拆除英国工业革命遗留下来的丰富水路遗产，已经进行了无数次的战斗，在早期完全处于边缘化，该运动个体成员数不清的工作

1　L.T.C. 罗尔特是1946年内河航道协会的发起者之一。

日是为了恢复数百公里的旧运河和运河化的河流。

近75年后，保护和加强水路遗产现在已成为法国几个地区经济战略不可分割的一部分，运河及其"分支"巴伊斯河和洛特河就是最突出的例子。

运河基础设施的内在脆弱性经常被极端事件证明，特别是地中海一侧湍急河流的洪灾，如奥贝尔河、塞尔斯河（Cers）和其他河流，而与全球变暖和气候变化有关的更严重的夏季干旱，可能会迫使法国政府未来在灌溉和航运之间进行仲裁，这是2020年新成立的、作为世界遗产地管理计划一部分的科学委员会要解决的众多问题之一。这项计划是联合国教科文组织对所有遗产地的要求，但对米迪运河的规划却花了将近四分之一个世纪的时间来详细制定。必须照顾到多方利益，遗产保护的"缓冲区"是旷日持久谈判的主题，特别是与运河沿线城市的谈判。

2006年，当发现沿米迪运河和至纳巴达支流上的成排法桐受到蓝色溃疡斑（blue canker stain）侵袭时，米迪运河遭受了新的冲击。蓝色溃疡斑是一种微小的真菌，它在每棵树内部定居生长，不到五年时间内就把树杀死。到目前为止，还没有发现这种疾病的治疗方法，树木正在被砍伐并就地焚烧，以此作为预防风险蔓延的措施。随着时间的推移，米迪运河沿线的42000棵法桐将不得不全部砍伐，这将改变米迪运河未来多年的景观。1681年米迪运河建成时，河岸上并没有树。半个世纪后才种上桑树，后来又种上杨树和果树。第一棵法桐是在19世纪初种植的，总共种植了42000棵法桐，这成了运河沿线的主树种，这些法桐的美学和景观价值是将运河列为世界遗产的一个因素。

由于树木排列对运河景观的重要性有助于实现联合国教科文组织确定的运河的独特普世价值，VNF、政府机构、南部–比利牛斯（Midi-Pyrenees）大区和朗格多克–鲁西荣（Languedoc-Roussillon）大区以及国家遗址和景观高级委员会请专家编写一份参考手册，列出将要采用的物种和程序，以保证最有效地为子孙后代确保米迪运河的价值。人们认为必须尽快恢复米迪运河绿树成荫的标志性形象。采用对称植树作为重建米迪运河树木遗产的一般原则，使用高大的树木以提供宜人的树荫。以土耳其橡树或奥地利橡树为标记树种，由不同树种沿有效长度种植完成。通过这种方式，标志性的树木覆盖将被重新创造，同时限制了未来大流行的风险，如果只采用一个树种，大流行可能会更加严重。在维勒特伯特和特雷布进行了最初的再植后，使用了灰烬和一种被宣传为能抗溃疡斑的法桐，以五种树种点缀着主要的奥地利橡树继续进行再植：挪威枫树、大叶青柠、白杨树、欧洲朴树、石松，靠近地中海时种植阿勒颇松、柽柳和白桑树。这种戏剧性的情况并没有阻止大批游客涌向米迪运河，一些河段高大的树木被砍伐，游客似乎并没有被缺乏树荫所干扰。米迪运河绿树婆娑的标志性特征将逐渐恢复，但砍伐和重新种植4.2万棵树木的费用是巨大的，估计为2亿欧元。在各地区和地方当局的支持下，VNF 正在主导这一庞大的行动。2013年，VNF设立了一个赞助基金计划，接收工业赞助人和 私人的捐款。

尽管法国政府（通过VNF）和各地区致力于米迪运河的持续运营和发展，但在纤 道使用战略方面有一个明显的转变。一些省正在投资米迪运河沿线的自行车路线，因为 这被认为比租船巡游更能引起更广泛的公众共鸣，从而带来更高的人数和更大的投资回 报。法国许多地区也在奉行同样的政策，为沿米迪运河骑行的游客出版了一本特别的旅 游指南。

全球对米迪运河新的认可，使其成为中国政府为京杭大运河准备申请世界遗产的一 个范例。2010～2014年期间，中国代表团多次造访米迪运河，以了解米迪运河本身及其 成为世界遗产的过程。来自国家文物局和中国文化遗产研究院的代表团在图卢兹受到了 VNF的热烈欢迎并进行了一系列实况调查访问，他们还出席了2013年9月在图卢兹举行

图8-3 里凯邦雷波斯庭院内的大坝等比例模型

的世界运河大会。在那次活动中，有一次神奇的实地考察，发现了里凯在他的邦雷波斯城堡的地面上建造的、光彩夺目的运河模型，当地协会大量志愿者的努力取得了这一显著成果。自从这座城堡被一位脾气暴躁且喋喋不休的女士所有后，即使是在这种杂草丛生的状态下，多年来也没有人参观过这个圣费雷奥尔大坝和一段运河的等比例模型，她赶走了所有的游客，不管他们的动机多么高尚。这处房产在她死后由邦雷波斯-里凯公社（commune of Bonrepos-Riquet）购买。

希望从今天开始的努力将使游客更加尊重这一遗产，更加好奇地探索其非凡的结构：渡槽、虹吸管、溢洪道、供水运河、马尔帕斯和卡马泽的隧道。无论是在漂浮的临时家中舒适地航行，还是沿着纤道骑行，运河都值得慢游。米歇尔·阿德格（Michel Adgé）在1992年写道："运河上的旅游，漫不经心，［……］穿着拖鞋僵硬地跳舞"[1]。在过去25年里，政府、VNF以及地方和大区当局在米迪运河上花费了数亿欧元，今天的评估必须更加细致，但是，米迪运河永远会激起人们根深蒂固的热情。

与L.T.C.罗尔特的继任者一样，米迪运河上的少数驳船运输公司仍然希望看到商业交通的恢复，以此来继续向里凯的遗产致敬。运河作为世界遗产，也被法国法律列为遗产，它的横截面或结构不能为了允许更大的船只使用而进行改造，但一条高效的两海运输路线的梦想在集体意识中永存，正如大运河激励着全中国人民一样，尽管它的北段被遗弃了。

对于全世界的运河使用者和爱好者来说，米迪运河和加龙运河是法国航道上最受欢迎的度假胜地之一，里凯遗产的未来是有把握的。

1　Les Cahiers d'Espaces, n° 26, "Le Tourisme Fluvial"，见参考文献

附录A

1666年皇家法令

建造沟通两海（海洋和地中海）运河的皇家法令
国务院决议和专利证书阐释

　　路易，上帝的恩典，法国和纳瓦尔的国王：向所有现在和未来的人致意！鉴于向我们提出的通过一条跨航运河连接海洋和地中海，并在我们朗格多克省沿海的地中海上开辟一个新港口的建议，在前几个世纪看起来是如此奢侈，甚至连最勇敢的王子和留给后代大量不知疲倦劳动力的国家，都被这项宏大的事业所吓倒，并且不相信它能完成。尽管如此，最大胆的设计是最值得拥有勇气的人去做的，而且，只要经过深思熟虑，通常都能成功地完成。因此，连接两海项目的名声和给我们带来的可能有利于贸易的无限好处，使我们相信，这是一项伟大的和平事业，完全值得我们关注和关心，它能够在作者的记忆中延续几个世纪，并强调了我们主政期间的显赫、富足和幸福。事实上，我们已经看到，两海之间的连接将使世界上所有的国家，以及我们自己的臣民，能够在几天内通过运河穿越我们的领土，而且费用很低，但现在只能通过直布罗陀海峡航行，代价是巨额费用和大量时间，而且有海盗和海难的危险。因此，我们的目的是通过这种巨大的优势使商业在我们的王国内蓬勃发展，但是尽管如此，除了希望取得有把握的成就之外，我们什么也不想做。在对我们面前提出的建造一条连接两海运河的建议进行了最彻底的审议之后，我们委派了来自上述朗格多克省三个州的专员，与主持上述各州的专员一道前往，与有运河施工经验的人员共同到达现场，对项目的可行性给出意见。上述委员们经过深思熟虑和充分了解后，就实施上述建议的可能性、沿途以及实现和尝试实施上述运河的方式给出了建议，为了完成这些，将一条小运河作为试验，在计划修建大运河的相同地点进行开凿，这是由西厄尔·德里凯（Sieur de Riquet）巧妙设计并获得了令人满意的成就，因此我们有充分的理由能有把握地预见到令人欣喜的成功。但是，由于这样大规模的工作不可能在没有巨额费用的情况下进行，我们已命令委员会审查向我们提出的各种建议，以寻找资金而不加重朗格多克和圭恩纳（Guienne）两省臣民的负担，尽管他们有充分的理由为之捐款，因为他们将会最先从中获益而且会受益最大；我们已经决定了那些在我们看来是最值得支持和危害最小的事，为此有必要为此拨款。

因此，国王下令，运河的建造应按照克莱维尔骑士的估价进行，有关方面应持有国王陛下在估价后应支付的所有必要财产和款项，对这些土地具有管辖权的封地领主将得到赔偿，此后，上述土地将构成一个封地，由从加龙河到地中海的运河、供水系统和堤岸组成，包括来自从黑山流向瑙鲁兹石的引水渠。这些封地的所有者在运河岸边建造乡村宅第、磨坊、储存商品的码头和供雇员居住的房屋方面具有专属权。所有者及其继承人应永远拥有该封地，并享有免租税权和狩猎权、捕鱼权。此外，他还应享有专有权来建造运输货物的船只，并任命司法人员和12名警卫，穿着国王的制服，执行判决。为确保运河持续的资金筹措不会成为国王或省的负担，国王陛下决定运河上运载货物的收税税率；最后，命令出售功能和盐税，并将从中所获得的款项用于建造工程的花费。

［……］

因为这是我们的荣幸，为了使这件事永远成为一件牢固的事情，我们已下令在这些专利上加盖我们的印章。

公元1666年（当朝二十四年，即路易十四二十年）于圣日耳曼·莱耶（SAINT-GERMAIN-en-LAYE）颁布

路易

奉国王之命：

菲利普斯

委员会中见证：

科尔伯特

附录B

里凯家族

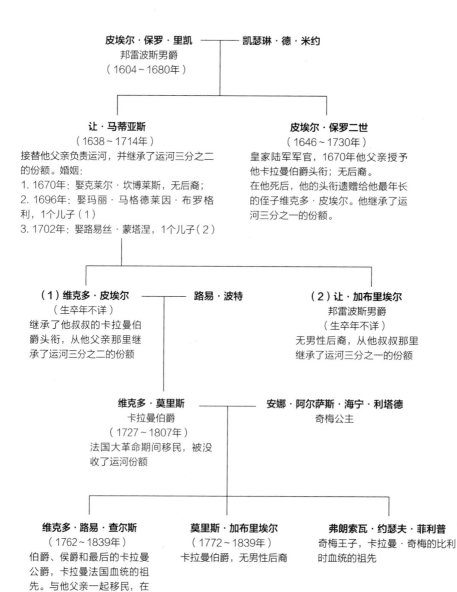

皮埃尔·保罗·里凯 ———— **凯瑟琳·德·米约**
邦雷波斯男爵
（1604~1680年）

让·马蒂亚斯
（1638~1714年）
接替他父亲负责运河，并继承了运河三分之二的份额。婚姻：
1. 1670年：娶克莱尔·坎博莱斯，无后裔；
2. 1696年：娶玛丽·马格德莱因·布罗格利，1个儿子（1）
3. 1702年：娶路易丝·蒙塔涅，1个儿子（2）

皮埃尔·保罗二世
（1646~1730年）
皇家陆军军官，1670年他父亲授予他卡拉曼伯爵头衔；无后裔。
在他死后，他的头衔遗赠给他最年长的侄子维克多·皮埃尔。他继承了运河三分之一的份额。

（1）维克多·皮埃尔 ———— **路易·波特**
（生卒年不详）
继承了他叔叔的卡拉曼伯爵头衔，从他父亲那里继承了运河三分之二的份额

（2）让·加布里埃尔
邦雷波斯男爵
（生卒年不详）
无男性后裔，从他叔叔那里继承了运河三分之一的份额

维克多·莫里斯 ———— **安娜·阿尔萨斯·海宁·利塔德**
卡拉曼伯爵
（1727~1807年）
法国大革命期间移民，被没收了运河份额
奇梅公主

维克多·路易·查尔斯
（1762~1839年）
伯爵、侯爵和最后的卡拉曼公爵，卡拉曼法国血统的祖先。与他父亲一起移民，在1823年归还了他的运河份额

莫里斯·加布里埃尔
（1772~1839年）
卡拉曼伯爵，无男性后裔

弗朗索瓦·约瑟夫·菲利普
奇梅王子，卡拉曼·奇梅的比利时血统的祖先

附录C

运营费用

1818年，米迪运河的总工程师克劳扎德向胡尔内·德·波默斯（Huerne de Pommeuse）提供了以下年度数据，他说这些数据代表了过去18年的平均值。

	法郎
供水	75000
建造工程，不包括船闸和河堑	60000
排水工程	54000
船闸及河堑工程	85000
河床维护	80000
170座闸门的维护，每15年更新一次	40000
提供来自罗马圣彼得的、用于水泥的火山灰	17500
工程机械和发动机	20000
住宿、工棚等的维护	15000
工厂	3000
维护	9600
邮政驳船、牵引费用：18名船长，20名接力员，42匹马，20名马车夫	36600
土地税	48000
各种维护费用	12000
工资和薪金	142000
退休金	13000
总计	710700

附录D

航　程

米迪运河

	公里	船闸
Les Onglous lighthouse, outfall into the Bassin de Thau	240.1	–
Quays (Les Onglous), Les Glénans sailing school	239.8	–
Bridge (Les Onglous)	238.5	–
Lock (Bagnas)	235.3	86
Bridge (Saint–Bauzille)	234.1	–
Bridge (Prades)	233.2	–
Lock (Prades)	233.0	85
Canal enters Hérault	232.8	–
Canal leaves Hérault 1km downstream	231.8	–
Round lock (three–way), junction with branch (descente dans l'Hérault)	231.4	84
Agde bridge, quay upstream r/b, town centre 800m r/b	231.3	–
Three–arched bridge	229.7	–
Railway bridge	229.2	–
Bridge (Pont Neuf, Vias), N112	229.0	–
New road bridge (Agde bypass)	228.2	–
Vias bridge (Pont Vieux), village 1200m l/b	226.4	–
Libron crossing, narrow passage, bridge	225.2	–
Port Cassafières basin r/b, Crown Blue Line hire base, water, fuel, Redoute–Plage 1800m r/b	222.0	–
Bridge (Roquehaute)	221.6	–

Lock (Portiragne), bridge, Portiragnes 400m l/b	218.3	83
Bridge (Caylus)	216.5	–
Cers bridge, village 800m l/b	215.1	–
Lock (Villeneuve), bridge, Villeneuve–lès–Béziers r/b	213.8	82
Motorway bridge (A9, Languedocienne)	212.7	–
Lock (Ariège)	212.5	81
Bridge (Capiscol)	210.5	–
Lift bridge on industrial railway siding, remains open	210.0	–
Footbridge (Saint–Pierre)	209.5	–
Flood gate (Sauclière), junction with Canalet du Pont Rouge (disused), bridge, quay upstream l/b	208.8	–
Bridge	208.5	–
Deep lock (Béziers), dry dock	208.4	80
Homps bridge, basin upstream, Luc Lines hire base, moorings, village r/b	145.5	–
Bridge (Jouarres)	144.0	–
Lock (Jouarres)	142.7	71
Bridge (Métairie du Bois)	141.4	–
Argent–Double aqueduct	141.0	–
Bridge (Pont Neuf)	140.5	–
Aqueduct (Ribassel)	139.6	–
Laredorte bridge (Pont Vieux), restaurant, village 500m l/b	139.5	–
Double staircase lock (Puichéric)	136.4	70
Railway bridge (disused)	136.0	–
Bridge (Rieux), Puichéric 800m r/b	135.0	–
Double staircase lock (Aiguille), bridge	133.4	68
Double staircase lock (Saint–Martin), bridge	131.6	66
Triple staircase lock (Fonfile)	130.4	64
Lock (Marseillette), bridge	127.2	61
Marseillette bridge, village 200m r/b	126.2	–
Bridge (Millegrand)	122.2	–
Bridge (Millepetit)	121.0	–

Bridge (Saint–Julia)	119.4	–
Triple staircase lock (Trèbes)	118.0	60
Trèbes bridge, quay upstream l/b, water, village r/b	117.3	–
Orbiel aqueduct	116.7	–
Bridge (Rode)	116.2	–
Lock (Villedubert)	113.4	57
Lock (Evêque), bridge	112.6	56
Bridge (Méjeanne)	110.6	–
Bridge (Conques)	109.3	–
Lock (Fresquel)	109.0	55
Double staircase lock (Fresquel), quay downstream l/b	108.8	54
Fresquel aqueduct	108.7	–
Lock (Saint–Jean), bridge (Friedland)	108.0	52
Railway bridge (main line Toulouse–Narbonne)	105.4	–
Lock (Carcassonne), bridge	105.3	51
Carcassonne basin, boat moorings and limited services, close to town centre and 1500m from La Cité	105.0	–
Bridge (Pont de la Paix)	104.8	–
Footbridge	104.6	–
Bridge (Iéna)	104.4	–
Railway bridge	103.6	–
Lock (Ladouce)	99.9	50
Lock (Herminis), bridge	98.5	49
Double staircase lock (Lalande)	98.2	48
Bridge (Rocles), Pezens 1500 l/b	95.9	–
Bridge (Caux–et–Sauzens)	94.1	–
Lock (Villesèquelande)	93.4	46
Villesèquelande bridge, village 600m l/b	91.2	–
Bridge (Saint–Eulalie)	89.1	–
Lock (Béteille), bridge	85.9	45
Bridge (Diable)	84.7	–

Railway bridge (main line Toulouse–Narbonne)	83.9	–
Bram bridge, village 1500m r/b	80.8	–
Lock (Bram), quay and Saintonge Rivières hire base d/s r/b	80.3	44
Lock (Sauzens), bridge	79.0	43
Lock (Villepinte)	77.4	42
Villepinte bridge, village 1000m l/b	76.0	–
Lock (Tréboul), bridge	73.6	41
Lock (Criminelle)	72.2	40
Lock (Peyruque), bridge	71.7	39
Lock (Guerre), bridge, Saint–Martin–Lalande 1000m l/b	70.6	38
Lock (Saint–Sernin), bridge	69.7	37
Lock (Guilhermin)	69.1	36
Triple staircase lock (Vivier), bridge	68.7	35
Double staircase lock (Gay)	67.1	32
Quadruple staircase lock (Saint–Roch), water	65.6	30
Bridge (Saint–Roch)	65.4	–
Basin (Grand Bassin), Crown Blue Line hire base r/b	65.2	–
Bridge (Pont Vieux)	64.8	–
Castelnaudary quays both banks, mooring, town l/b	64.6	–
Bridge (Pont Neuf)	64.5	–
Lock (Laplanque), bridge	60.9	26
Lock (Domergue)	59.7	25
Triple staircase lock (Laurens), bridge	58.7	24
Bridge	58.2	–
Double staircase lock (Roc)	57.5	21
Lock (Méditerranée), beginning of summit level, bridge	56.6	19
La Ségala bridge, quay and Rive de France relay base on south bank, small village	53.8	–
Bridge	53.3	–
Feeder enters canal from former octagonal basin, Riquet memorial and commemorative plaques	52.1	–
Lock (Océan), bridge, end of summit level	51.6	18

Railway bridge (main line Toulouse–Narbonne)	50.6	–
Motorway bridge (A61, Autoroute des Deux Mers)	50.2	–
Port Lauragais marina adjacent to motorway service area	50.0	–
Bridge (Maraval)	49.5	–
Lock (Emborrel), bridge, Avignonet–Lauragais 1500m r/b	47.5	17
Double staircase lock (Encassan), bridge	45.9	16
Lock (Renneville), bridge, small village 400m l/b	43.0	14
Hers aqueduct, Villefranche–de–Lauragais 2000m r/b	41.0	–
Gardouch quay l/b, village 600m	39.0	–
Lock (Gardouch), bridge	38.9	13
Double staircase lock (Laval), bridge	37.5	12
Bridge (Vieillevigne)	35.0	–
Lock (Négra), bridge, Montesquieu–Lauragais 1000m l/b	33.3	10
Bridge (Enserny)	31.5	–
Double staircase lock (Sanglier), bridge	29.6	9
Deep lock (Aygues–Vives), footbridge	28.1	7
New road bridge (N113)	28.0	–
Bridge (Baziège)	26.9	–
Montgiscard quay l/b, village 300m before main road	25.0	–
Deep lock (Montgiscard), footbridge	24.9	6
Bridge (Montgiscard)	24.8	–
Bridge (Donneville)	22.7	–
Bridge (Deyme)	19.8	–
Lock (Vic), bridge	17.4	5
Deep lock (Castanet), bridge, village 2000m l/b	15.7	4
Port Sud marina, moorings, slipway, crane, services, shops and restaurant in marina, Ramonville centre 1000m	12.4	–
Bridge (Madron)	12.1	–
New basin r/b, semi–industrial, with dry dock, awaiting development	11.5	–
Footbridge (Ramonville)	11.4	–
New road bridge (A61 motorway spur)	10.5	–

Bridge (university campus)	9.1	–
Aqueduct over Toulouse by–pass	8.1	–
Footbridge	7.1	–
Bridge (Demoiselles)	6.4	–
Railway bridge	6.0	–
Footbridge (Soupirs)	5.6	–
Basin (Port Saint–Sauveur), moorings 800m from city centre, water	5.2	–
Bridge (Saint–Sauveur or Montaudran)	5.1	–
Basin (Port Saint–Etienne)	5.0	–
Bridge (Guilheméry)	4.9	–
Bridge (Colombette)	4.4	–
Bridge (Constantine)	4.2	–
Bridge (Riquet)	3.9	–
Deep lock (Bayard), bridge, Toulouse station r/b	3.6	3
Bridge (Matabiau), narrow passage through disused lock chamber	3.3	–
Footbridge (Raisin)	3.0	–
Footbridge (Négreneys)	2.6	–
Bridge (Minimes)	2.1	–
Deep lock (Minimes)	2.0	2
Footbridge (Nymphée), 'Central Park' development	1.5	–
Lock (Béarnais), bridge	1.1	1
Bridge (Pont Jumeau)	0.4	–
Junction with Canal latéral à la Garonne (Bassin de l'Embouchure)	0.2	–
Toulouse basin (Port de l'Embouchure), former locks down to Garonne filled in for ring road, moorings, water	0.0	–

Itinerary continues on the Canal latéral à la Garonne (next page)

加龙旁支运河

	公里	船闸
Toulouse, junction with the Canal du Midi	0.0	–

Former oil terminal, quay r/b, residential barge moorings	0.2	–
Road bridge (motorway spur)	1.4	–
Road bridge	2.5	–
Bridge (Béziat)	2.6	–
Lock 1 (Lalande), bridge	3.9	1
Bridge (motorway spur)	4.1	–
Motorway bridge (A61, Autoroute des Deux Mers)	4.5	–
Bridge (Ruppé)	5.1	–
Lock 2 (Lacourtensourt), bridge	6.5	2
Lock 3 (Fenouillet), bridge	7.6	3
Bridge (Latournelle)	8.6	–
Lock 4 (Lespinasse), bridge	11.4	4
New road bridge	11.6	–
Lock 5 (Bordeneuve)	13.3	5
Lock 6 (Saint–Jory), bridge, village 200m r/b	15.2	6
Bridge (Pont de l'Hers)	18.3	–
Hers aqueduct	18.4	–
Lock 7 (Hers)	18.5	7
Lock 8 (Castelnau), bridge, village 1000m r/b	19.4	8
Bridge (Bordeneuve)	21.1	–
Lock 9 (Embalens), bridge	22.5	9
Bridge (Saint–Rustice)	23.7	–
Pompignan bridge, small village r/b over railway	24.9	–
Bridge (Grisolles)	25.9	–
Grisolles bridge (Laroque), basin u/s l/b, village 500m l/b	26.7	–
Bridge (N113)	27.6	–
Bridge (Saint–Jean)	28.0	–
Bridge (Villelongue)	29.4	–
Dieupentale bridge, quay downstream l/b, village 500m l/b	31.1	–
Bridge (Bessens)	33.4	–
Bridge (Lapeyrière)	4.4	–

Bridge (Montbéqui)	35.4	–
Bridge (Montbartier)	36.6	–
Bridge (Tourret)	38.2	–
Bridge (Forêt), Montech forest r/b	39.3	–
Lock 10 (Lavache), bridge	41.0	10
Montech bridge, basin d/s l/b, water, village 500m	42.7	–
Junction with Montauban branch, r/b, and with water slope approach canal	43.0	–
Lock 11 (Montech), entrance to disused branch serving		
former paper mills d/s l/b	43.1	11
Lock 12 (Peyrets), bridge, level with upstream end of water slope	43.8	12
Lock 13 (Pellaborie), level with bottom of water slope	44.2	13
Lock 14 (Escudiés)	44.6	14
Lock 15 (Pommiès), bridge	45.3	15
Junction with water slope downstream approach canal, r/b	45.4	–
Bridge (Escatalens)	47.0	–
Lock 16 (Escatalens), bridge	47.5	16
Saint–Porquier bridge, village 600m l/b	49.2	–
Bridge (Lavilledieu)	49.8	–
Bridge (Saint–André)	50.6	–
Lock 17 (Saint–Martin), bridge	51.9	17
Bridge (Danton)	52.6	–
Railway bridge	53.5	–
Bridge (Gaillau)	53.7	–
Lock 18 (Prades)	55.4	18
Bridge (Briqueterie)	56.0	–
Footbridge	56.3	–
Castelsarrasin basin, moorings, water, town centre 200m l/b	56.4	–
Bridge (Castelsarrasin)	56.6	–
Bridge (Gandalou)	57.5	–
Lock 19 (Castelsarrasin)	57.6	19
Motorway bridge (A61, Autoroute des Deux Mers)	58.2	–

Bridge (Saint–Jean–des–Vignes)	58.6	–
Lock 20 (Saint–Jean–des–Vignes)	59.0	20
Lock 21 (Verriès), bridge	59.4	21
Lock 22 (Artel)	59.9	22
Bridge (Caussade)	60.5	–
Tarn aqueduct (length 356m)	62.2	–
Lock 23 (Cacor)	62.6	23
Lock 24 (Grégonne)	63.2	24
Lock 25 (Moissac)	63.8	25
Junction with locks down to the Tarn l/b (extensive reservoir)	63.9	–
Moissac basin, moorings r/b, water, town centre 300m	64.0	–
Bridge (Marronniers)	64.2	–
Swing bridge (Saint–Jacques)	64.4	–
Footbridge, quay downstream r/b	64.5	–
Bridge (Sainte–Catherine)	64.6	–
Bridge (Saint–Martin)	65.0	–
Lock 26 (Espagnette), bridge	67.4	26
Bridge (Coudol)	69.2	–
Lock 27 (Petit–Bezy), bridge	71.2	27
New road bridge	73.1	–
Bridge (Malause)	73.6	–
Bridge (Palor)	74.6	–
Bridge (Capitaine)	76.2	–
Lock 28 (Braguel)	76.9	28
Pommevic bridge, village 400m r/b	77.6	–
Bridge (EDF)	81.1	–
Lock 29 (Pommevic)	78.5	29
Bridge (Gauge)	79.1	–
Lock 30 (Valence d'Agen)	80.3	30
Bridge (Auvillar)	81.0	–
Bridge (EDF)	81.1	–

Valence d'Agen bridge, upstream r/b, town centre 400m	81.5	–
Bridge (Roux), N113	83.0	–
Railway bridge (main line Toulouse–Bordeaux)	83.1	–
Bridge (Coupet)	83.8	–
Bridge (Golfech)	84.6	–
Barguelonne aqueduct	85.4	–
Bridge (Barguelonne)	85.5	–
Lock 31 (Lamagistère), bridge, water	86.7	31
Lamagistère quay l/b	87.5	–
Bridge (Lasparières)	87.7	–
Bridge (Saint–Pierre)	88.5	–
Bridge (Laspeyres), N113	90.3	–
Bridge (Durou)	91.8	–
Lock 32 (Noble), bridge	93.6	32
Bridge (Guillemis)	94.7	–
Bridge (Carrère)	95.6	–
Lock 33 (Saint–Christophe), bridge	96.7	33
Bridge (Sauveterre)	97.6	–
Bridge (Ostende or Lafox)	98.8	–
Séoune aqueduct	99.4	–
Bridge (Lascarbonnières)	99.8	–
Bridge (Saint–Marcel)	100.8	–
Private quays l/b	101.5	–
Bridge (Pourret), private quay downstream l/b	102.0	–
Bridge (Coupat), N113	103.6	–
Boé oil terminal, quays l/b	104.5	–
Bridge (Bonde)	104.8	–
Railway bridge	105.6	–
Bridge (Cahors)	105.9	–
Footbridge	106.3	–
Bridge (Villeneuve), basin downstream	107.0	–

Agen basin, boat harbour and Locaboat Plaisance hire base l/b,

    moorings, water, fuel, showers, l/b, town centre 400m   107.1   –

Bridge (Courpian)   107.6   –

Moorings along quay l/b (Agen yacht club)   107.8   –

Bridge (Saint–Georges)   108.5   –

Railway underbridge   108.6   –

Agen aqueduct over the Garonne (length 539m)   108.9   –

Lock 34 (Agen), bridge   109.3   34

Lock 35 (Mariannettes)   109.7   35

Lock 36 (Chabrières)   110.1   36

Lock 37 (Rosette), bridge   110.5   37

Junction with feeder canal (disused) l/b   110.6   –

Bridge (Fressonis)   111.3   –

Bridge (Nodigier)   113.5   –

Bridge (Colomay), quay downstream r/b   115.3   –

Bridge (Plaisance)   116.8   –

Bridge (Chicot)   118.1   –

Sérignac–sur–Garonne bridge, basin d/s r/b, projected marina

    and hire base, village 500m l/b   119.1   –

Bridge (Madone)   121.1   –

Bridge (Frèche)   122.5   –

Bridge (Lapougniane)   123.9   –

Bridge (Pages)   124.4   –

Lock 38 (Auvignon), bridge, basin downstream r/b, Bruche 1500m l/b   125.1   38

Bridge (Saint–Martin)   126.6   –

Bridge (Thomas)   127.6   –

Bridge (Castelviel)   128.8   –

Feugarolles bridge, basin upstream r/b, village 1000m l/b   129.7   –

Railway bridge   130.4   –

Bridge (Thouars)   130.7   –

Baïse aqueduct   132.0   –

Lock 39 (Baïse)	132.2	39
Lock 40 (Lardaret), bridge	132.4	40
Junction with canalised river Baïse via double staircase lock		
(descente en Baïse) r/b	135.2	–
Buzet–sur–Baïse bridge, boat harbour and Aquitaine Navigation		
hire base d/s r/b, village 700m l/b	135.7	–
Bridge (Burrenque)	137.5	–
Bridge (Doux)	138.4	–
Road bridge (Damazan by–pass)	139.7	–
Damazan bridge, moorings in basin d/s r/b, water, slipway, village l/b	139.9	–
Bridge (Lompian)	141.9	–
Lock 41 (Berry), bridge	142.8	41
Bridge (Maurin)	143.6	–
Bridge (Vigneau)	144.3	–
Bridge (Monheurt)	145.2	–
Bridge (Lafallotte)	146.2	–
Lock 42 (Gaule), bridge	147.5	42
Bridge (Labarthe), quay downstream r/b, Tonneins 4500m	148.4	–
Lock 43 (Gaulette), bridge	150.2	43
Bridge (Jeanserre)	151.1	–
Bridge (Ladonne)	152.2	–
Lagruère bridge, moorings u/s r/b, small village l/b	153.3	–
Le Mas d'Agenais bridge, quay and Crown Blue Line hire base		
downstream l/b, village l/b	155.4	–
Lock 44 (Mas d'Agenais), bridge	155.8	44
Bridge (Larriveau)	156.8	–
Bridge (Larroque)	158.6	–
Caumont–sur–Garonne bridge, quay d/s r/b, village l/b	160.3	–
Bridge (Eglise de Fourques)	161.2	–
Fourques–sur–Garonne bridge, village l/b	162.2	–
Bridge (Marescot)	163.6	–

Bridge (Sables), quay upstream r/b, Marmande 5000m r/b	164.4	–
Avance aqueduct	165.6	–
Lock 45 (Avance), bridge	165.7	45
Railway bridge	166.1	–
Bridge (Laronquière)	166.5	–
Bridge (Rayne)	167.4	–
Bridge (Baradat)	168.4	–
Marcellus bridge, village 1000m l/b	169.2	–
Bridge (Campot)	170.4	–
Lock 46 (Bernès), bridge, quay downstream r/b	170.9	46
Bridge (Tersac)	171.7	–
Bridge (Cantis)	172.5	–
Lock 47 (Gravières), bridge	173.4	47
Meilhan–sur–Garonne bridge, basin with moorings and slipway downstream r/b, village 400m l/b	175.2	–
Bridge (Pimayne)	176.5	–
Bridge (Lisos)	177.7	–
Hure bridge, village l/b	179.0	–
Bridge (Julian)	179.6	–
Lock 48 (Auriole), bridge	180.8	48
Bridge (Tartifume)	181.3	–
Bridge (Berrat)	182.3	–
Fontet bridge, basin u/s, village l/b, La Réole 2500m r/b	182.8	–
Lock 49 (Fontet), bridge	183.5	49
Bridge (Loupiac)	184.3	–
Bridge (Gravilla)	185.5	–
Bridge (Puybarban)	186.6	–
Lock 50 (Bassanne), bridge	187.6	50
Bridge (Castillon)	188.7	–
Bridge (Noël)	189.5	–
Bridge (Hillon)	190.3	–

Bridge (Mazerac)	191.3	–
Lock 51 (Mazarac), bridge	192.0	51
Lock 52 (Gares)	192.7	52
Castets–en–Dorthe basin, moorings, village l/b	193.0	–
Lock 53 (Castets), double lock down to Garonne	193.3	53
Junction with river Garonne	193.6	–

米迪运河-拉韦努勒支线

	公里	船闸
Junction with main line of Canal du Midi at km168.7	0.0	–
Footbridge (Cesse), quay downstream r/b	0.1	–
Lock (Cesse)	0.3	1
Lock (Truilhas), bridge	1.0	2
Lock (Empare)	1.6	3
Lock (Argeliers), bridge	2.3	4
Lock (Saint–Cyr)	3.0	5
Sallèles–d'Aude footbridge, quays downstream, village r/b	3.4	–
Deep lock (Sallèles), pizzeria r/b	3.7	6
Bridge (Sallèles)	3.8	–
Lock (Gailhousty), bridge, dry dock	4.9	7
End of junction canal, navigation enters river Aude	5.1	–
Railway bridge	5.4	–
End of Aude crossing, navigation enters Canal de la Robine r/b	5.7	–
Lock (Moussoulens), bridge	5.8	8
Bridge (Pont Vieux, Moussoulens)	6.4	–
Lock (Raonel), bridge, Cuxac d'Aude 1800m l/b	9.8	9
Lock (Gua), footbridge, quay downstream r/b	14.2	10
Footbridge, quay downstream l/b	14.6	–
Footbridge, quay downstream r/b	14.9	–
Railway bridge	15.1	–

Bridge (Escoute)	15.1	–
Bridge (Carmes)	15.2	–
Bridge (Voltaire)	15.2	–
Lock (Narbonne)	15.3	11
Bridge (Marchands)	15.5	–
Footbridge, Connoisseur Cruisers hire base l/b	15.6	–
Narbonne quays both banks in town centre	15.7	–
Bridge (Sainte–Catherine)	15.8	–
Footbridge	16.1	–
Lock (Mandirac), bridge, quay downstream r/b	24.1	12
Bridge	16.3	–
Motorway bridge (A9, Languedocienne)	17.8	–
Quay (Gruissan) r/b	25.4	–
Lock (Sainte–Lucie), quay downstream l/b	34.3	13
Railway bridge	36.9	–
Port–la–Nouvelle, canal enters harbour basins,		
Mediterranean 2500m down entrance channel, town r/b	37.3	–
Descente dans l'Hérault		
Junction with main line of Canal du Midi at round lock (km 231.4)	0.0	84
Railway bridge	0.2	–
Junction with Hérault maritime	0.5	–

加龙旁支运河-蒙托邦支线

	公里	船闸
Junction with main line at Montech (km 43), bridge	0.0	–
Bridge (Rat)	1.1	–
Motorway bridge (A61, Autoroute des Deux Mers)	2.5	–
Lacourt–Saint–Pierre bridge, small village l/b	3.4	–
Lock 1a (Noalhac)	4.5	1
Bridge (Noalhac)	4.7	–

Lock 2a (Lamothe)   5.0   2

Lock 3a (Fisset)   5.4   3

Lock 4a (Brétoille)   6.2   4

Lock 5a (Mortarieu), bridge   6.6   5

Lock 6a (Terrasse)   6.9   6

Lock 7a (Rabastens)   7.3   7

Lock 8a (Verlhaguet), bridge   7.6   8

Lock 9a (Bordebasse), bridge   9.2   9

Montauban basin, limit of navigation (locks down to river Tarn disused),

　　town centre 1000m   10.6   –

参考文献

1. 法语书目

Andreossy, Général F., Histoire du Canal du Midi ou Canal de Languedoc. Paris: L'Imprimerie de Crapelet, 1804. A very fully detailed history of the canal. Its only fault is that the author unduly magnifies his great-grandfa- ther's part in its construction at the expense of Riquet. There is a separate volume of plates from which a number of the illustrations in this book were selected.

Bergasse, J. D., Adgé, Michel. Le Canal du Midi. Tallandier, 1989. The most thoroughly researched work on the canal, with four volumes each devoted to a different aspect of the canal's construction and operation.

CAUE (Conseil d'Architecture, d'Urbanisme et de l'Environnement) de la Haute-Garonne, Canal Royal de Languedoc. Loubatières, 1992. Fascinating compilation of architectural and engineering drawings, printed in pastel shades, with five articles by specialists on different aspects of the canal.

Edwards-May, D., Vialleton, A., Cassard, W et al., Etude du Devenir des Canaux du Midi, Sogelerg/Sogreah/Siat, for the three Régions Midi-Pyrénées, Languedoc-Roussillon, Aquitaine, and the Service de la Navigation, 1990. Wide-ranging study of options for future development of the canal.

Girou, Jean, Nostre Riquet, Toulouse: Collège d'Occitanie, 1968. Biography of Riquet, as eulogistic about its subject as Général Andreossy's History is disparaging. Well documented with many lengthy verbatim extracts from the Riquet-Colbert correspondence. Includes a good bibliography.

de La Lande, Des Canaux de Navigation et Spécialement du Canal du Midi, Paris: Chez La Veuve Desaint, 1778. Includes a history and descrip- tion of the canal which was approved by Riquet's descendants; also a few maps and plates.

Morand, Jacques, Le Canal du Midi et Pierre Paul–Riquet, Edisud, 1993. Well–researched history and 80pp of excellent colour photographs.

Pfaff, André, 'Les Voies Navigables du Sud–Ouest', in Regards sur the France, sp. ed., 1966. A useful description of the canal and its traffic in 1965 by the recently retired Chief Engineer.

de Pommeuse, H., Des Canaux Navigables, Paris: L'Imprimerie de Huzard– Courcier, 1822. English and French canals described and compared. There is an 82–page section on the Canal du Midi which includes much factual information supplied to the author by M. Clauzade, the then chief engineer. Contains plates and maps.

Riquet, héritiers de, Histoire du Canal du Languedoc. L'Imprimerie de Crapelet, 1805. Carefully researched and documented point by point reply to the book by Andreossy, refuting the latter's arguments on the credit for design of the canal and feeder system.

de Roquette–Buisson, Odile, Sarramon, Christian, Le Canal du Midi, Rivages/Technal, 1987. Succinct history with many attractive colour photographs. (An English edition was also published.)

Hugon de Scœux, Jeanne, Le Chemin qui Marche, Pierre Paul R iquet, créateur du Canal Royal du Languedoc, Loubatières, 1994. A fictionalised account, centred on the personality of Riquet.

2. 英语书目

Pilkington, Roger, Small Boat through Southern France. London: Macmillan, 1965. An entertaining account of the author's voyage in his boat Commodore from Beaucaire on the Rhône by the canals and the Garonne to Bordeaux. It includes much local colour and history and can therefore be recommended as a complement to this book.

Skempton, A.W., 'Canals and River Navigations', A History of Technology, vol. iii, Oxford: The Clarendon Press, 1957. Much of the material in the first chapter of this book is drawn from this admirably concise account of the development of canal and river navigation engineering in Europe before 1750.

Smith, Norman, A History of Dams, London: Peter Davies, 1971. An excellent and most valuable world–wide study of a neglected but fascinating subject. It includes descriptions of the St Ferreol and Lampy dams and so helped me to set them in their true historical perspective.

3. 多语言书目

Cruising guides, not attributed to particular authors, are produced by CBL Editions, Guide Fluvial Midi–Camargue–Aquitaine, Les Editions du Plaisancier, Canaux du Midi (No. 7), and Grafocarte, Canal du Midi: de l'Atlantique à la Méditerranée.

译后记

我与本书的修订作者大卫·爱德华兹-梅（David Edwards-May）先生相识于一次运河会议。2009年，我写了一篇有关中国大运河的论文，并投稿到2010年9月份在美国罗彻斯特举办的第23届世界运河大会（WCC, World Canals Conference）。时任内河航道国际组织副主席的大卫·爱德华兹-梅很快回复并提出了中肯的建议，并诚邀我参加此次大会。当得知我是在读学生后，积极和主办方负责人Thomas X. Grasso沟通，资助我前往美国。2010年中秋节如期参会，期间第一次见到大卫，他友好、谦恭而健谈，我们围绕中国大运河展开了很多次讨论，相谈甚欢，我们的友谊和运河研究方面的一些合作也从此开始。2012年，第25届大会在扬州举办，因当时缺少有关大运河遗产的英文地图，2010年10月份开始，大卫就提议由其任首席执行官的欧洲制图（Euromapping）公司和我联合绘制一张中国大运河遗产的中英文地图，并着手准备相关工作。2011年4月份完成初稿，11月份完成终稿，由于各种原因未公开出版发行，但为2012年参加世界运河大会的部分外国运河爱好者提供了方便。

2013年，第26届世界运河大会在著名的世界遗产运河——法国米迪运河的重要节点城市图卢兹举行，大卫极力邀请我参加此次会议并参与其组织的米迪运河考察，并主动提出承担我在法国期间的住宿和交通费用。2013年9月8日，我从青岛出发飞往巴黎戴高乐机场，乘高铁南下途经里昂前往大卫所在的城市——格勒诺布尔（Grenoble），下午到达时秋高气爽，天气晴朗，印象非常深刻的是大卫骑自行车到火车站接我，并给我租了一辆自行车，他把我的大行李箱放在自行车前面，边骑行边介绍这个美丽的法国南部小城，整洁的城市、修剪整齐的高大行道树以及不远处连绵起伏的阿尔卑斯山峰，至今历历在目。

第二天，大卫邀我到他办公室，正是在他办公室的书架上我看到了这本书。此书详细介绍了米迪运河这样一项伟大工程的构想是如何产生的，以及皮埃尔·保罗·里凯是如何在国王路易十四、科尔伯特以及多位工程师的鼎力支持下克服技术、经济和社会方面的重重困难、历经15年完成的。除了米迪运河外，还介绍了从图卢兹到卡斯泰昂——多尔特的加龙运河，正是米迪运河和加龙运河构成了大西洋和地中海之间的内河航道。

本书是由英国水道遗产保护运动的先驱——L.T.C.罗尔特所写，并于1973年首次出版。大卫·爱德华兹-梅于1994年进行了修订，并增加了余论部分，更重要的是增加了许多图件、照片等，使得本书更易理解，这是一份有关米迪运河的不可多得的文献。法国米迪运河是世界上第一条列入《世界遗产名录》的运河，米迪运河总长360公里，其中主河道长240公里，整个运河涵盖了船闸、沟渠、桥梁、隧道等328个大小不等的人工建筑。米迪运河历经300多年的发展变迁，特别是在1996年列入《世界遗产名录》后，在运河遗产保护与管理、旅游开发与利用等方面都取得了非凡的成就，对中国大运河有着重要的借鉴意义。而目前国内尚无系统全面介绍米迪运河的文献，当时遂萌发了翻译该书的念头。2016年底与中国建筑工业出版社的程素荣主任沟通翻译此书，大卫听说后非常高兴，积极协助联系罗尔特后人处理版权事宜，2017年初签订翻译出版合同。

译书是件苦差事，既要研读原书，理解全文，又要精读细品把握细节；既要通晓外语，准确翻译，更要有丰富的专业知识。此书断断续续翻译了近4年的时间，期间不断与大卫通过邮件、电话、微信等方式沟通。2019年9月大卫来中国参加第32届世界运河大会时一起考察无锡、苏州运河期间更是当面交流、讨论本书的翻译细节。与大卫的交流既有译书的排版、封面设计等问题，也有具体的翻译问题，小到书中的一些地名、句子乃至存在异议的单词，大卫都不厌其烦地解释。为了保证图件的清晰，大卫更是不辞辛苦地重绘地图，查找照片、历史图纸的原件。为了完整地叙述米迪运河的历史，展现近些年米迪运河的变化，大卫又对余论部分进行了更新，使米迪运河的图景一直呈现到2020年。

2013年9月份的米迪运河考察，使我对米迪运河有了全面而直观的认识，对一些重要的节点更是进行了详细考察，这对翻译此书大有裨益。在10多天的考察中，既有运河之上的游船旅行，又有运河沿岸的纤道漫步，既从运河上看两岸，亦从岸上望运河；既考察了塞特、阿格德、纳巴达、贝济耶、索梅尔、卡尔卡松、图卢兹、蒙托邦、阿让、卡斯泰尔诺达里、瑙鲁兹等重要的运河沿线城镇村庄，又考察了大内港、八角形内港、马尔帕斯隧道、利伯伦渡口、普雷德雷渡槽、奥尔布河渡槽、阿让渡槽、圣费雷奥尔大坝、弗莱斯克大坝、阿格德圆形船闸、丰塞兰内斯梯级船闸、蒙泰什水坡升船设施等重要的水利水工设施，也考察了瑙鲁兹峰顶面、圣费雷奥尔水库、兰姆佩水库、山地沟渠等供水系统，还参观了里凯的邦雷波斯庄园，典型的玫瑰红砖建筑让人的思绪很容易回到里凯时代。正是此次考察帮我勾勒出了米迪运河的全貌和重要节点的细节，使得两海之间运河的图像越来越清晰而具体。在翻译的过程中还结合法国现在的卫星地图——找到文中提及的地名、关键节点、支流航道以及河流交叉口、船闸、渡槽等水利水工设施，根据地形、彼此之间的关系等，结合文字叙述，相互比对，以此提高译文的准确性。

文中许多地名及专有名词会涉及一些法语词汇，因本人不懂法文，就结合上下文用翻译软件对一些法语词汇进行翻译，再请大卫把法文译成英文，两者相互印证，并保留专业术语、地名和人名的英语或法语原文。大卫出生于英国，母语为英语，后移居法国40多年，因而精通英语与法语。为了能让读者更好地理解文意，译者在文中作了一些必要的注释。有关运河航程的附录D和参考文献部分保留了原文，未进行翻译。经与作者商定，为了增加图书的可读性，对原书中一些图纸的位置进行了调整，使其与文字更加呼应，并新增了一些图纸和照片，新增图纸和照片已注明来源。

本书的第五章、第六章分别由张言庆、赵玉宗翻译，其余章节均为钟行明翻译，并由钟行明进行全书的校译、润色和审定。因译者水平有限，难免有误，恳请各位读者不吝赐教。

此书的出版得到了许多人的帮助，感谢大卫·爱德华兹-梅自始至终的帮助和鼓励；感谢法国图卢兹运河档案馆的工作人员提供大量珍贵历史图纸和资料；感谢L.T.C. 罗尔特的儿子理查德·罗尔特（Richard Rolt）先生在2018年12月份借出差上海之际特意到青岛与我会面，讨论本书的出版事宜；感谢中国建筑工业出版社程素荣主任为此书出版付出的努力；感谢我的恩师东南大学陈薇教授为本书作序，是您的鼓励和启发让我在运河研究的路上不断探索前行。最后要特别感谢我的妻子和家人对我的包容和支持。感谢女儿的陪伴，初识此书那年，你刚刚出生，如今你即将开启学业之门，愿此书成为你的入学之礼。

钟行明

2020年8月12日于青岛金湖小筑